JN320224

脳力アップ
頭がよくなる こどものおりがみ

監修／小林一夫（おりがみ会館館長）　澤口俊之（人間性脳科学研究所所長）

文化出版局

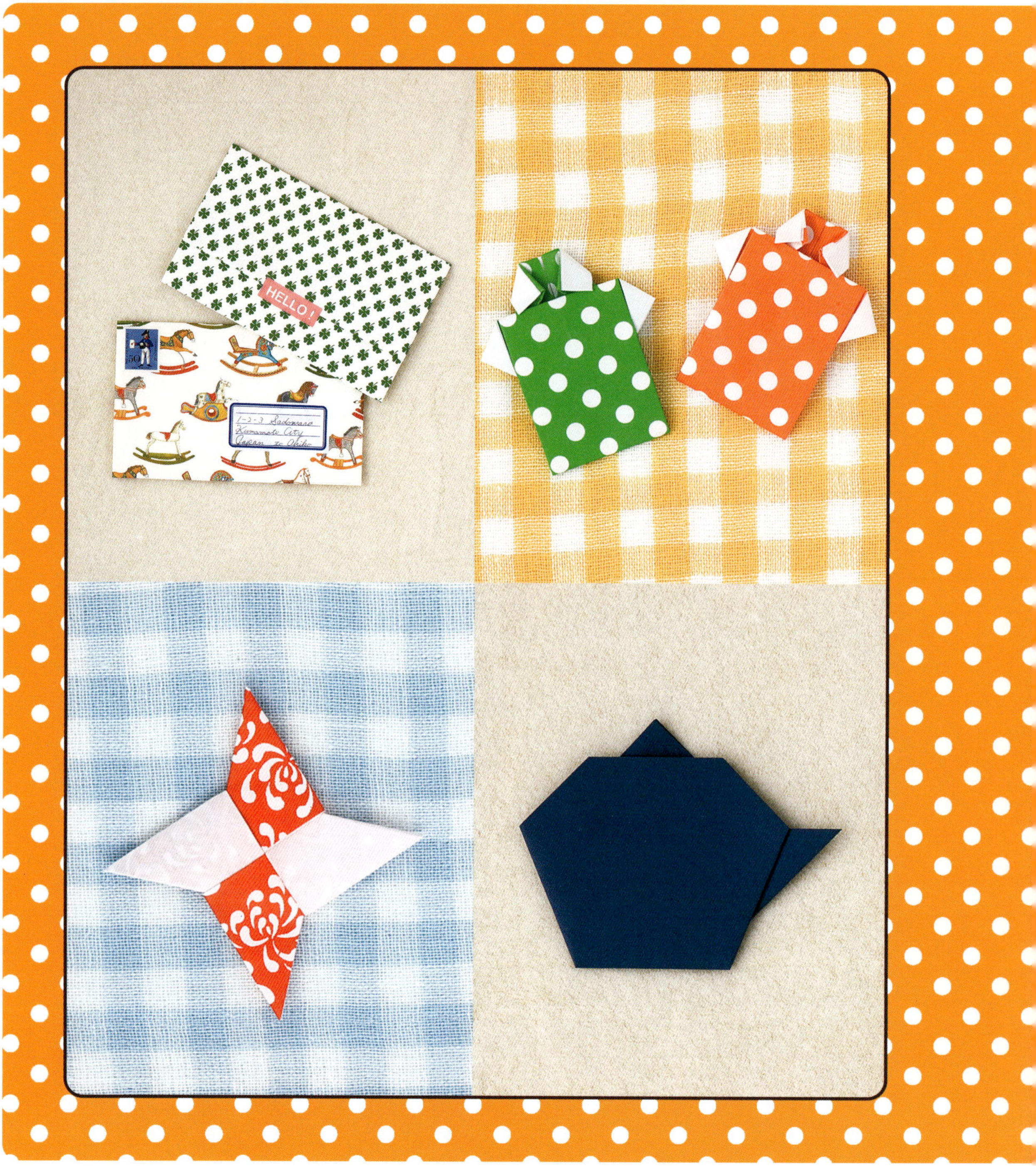
HELLO!

はじめに

　晴れた日の鬼ごっこ、縄跳び、かくれんぼ。雨の日のおりがみ、あやとり、お手玉などは、情緒豊かな子どもの心身を育てるバランスの整った、昔からの遊びです。

　お母さんにおりがみを教えてもらうことにより、子どもは愛着の対象を確認し、精神の安定を得ることになります。これが自発性、積極性をバランスよく育てるきっかけとなるのです。「折り目正しい人」と言われるように、一つ一つ折り上げることが不可欠で、けっして焦ってはいけません。その思考過程が、子どもから大人になる成長過程に大きな助けとなるのです。一つ一つ紙を折り重ねることにより作品ができ上がる製作過程が、新たなるチャレンジへの原動力につながるのです。また作品ができ上がった喜びを友達と分かち合う楽しさは、成長期において思いやりや優しい心をはぐくみます。

　この本では、2〜3歳、5歳、小学校低学年、小学校中学年の年齢別に、それぞれに合うおりがみ作品を紹介します。小さな子ども向けのごく簡単なものから、飾って楽しむもの、毎日の生活で使えるもの、遊べるものなど、折ってみたくなる作品ばかりです。使う紙の色や質、模様などを変えれば雰囲気が変わるのも、おりがみのいいところ。一枚の紙がさまざまな形に変化する楽しさを、ご家族みなさんで味わってください。

小林一夫

〈脳力アップ〉
頭がよくなるこどものおりがみ

目次

2	はじめに
6	おりがみの基本
10	第1章●2〜3歳 **5ステップで折れるおりがみ**
12	さかな
13	犬
14	矢印
15	えんぴつ
16	バス
17	きのこ
18	アイスクリーム
19	いちご
20	ほし
21	UFO
22	ポット
23	犬のおめん
24	けいたいでんわ
25	ヨット
26	第2章●5歳 **お母さん、おばあちゃんと楽しむおりがみ**
28	正方形の箱
30	はしぶくろ
32	おさいふ
34	しおり〈三角／四角〉
36	ふうとう
38	つるの写真立て

40　はしおき＆なふだ
42　ピアノ

44　第3章●小学校低学年
　　お父さんと遊べる
　　おりがみ

46　ミット
48　かえる
50　かみひこうき
52　しゅりけん
54　かぶと
56　シャツ
58　ぼうえんきょう

60　第4章●小学校中学年
　　考える力を身につける
　　発展系おりがみ

62　山▶富士山▶さかさ富士
64　にそう舟▶だまし舟
66　うさぎ▶ひつじ▶トナカイ
68　さかな▶くらげ
70　ヨット▶とり
72　かぶと▶金魚
74　船長帽子▶消防士帽子

76　人間性脳科学研究所所長
　　澤口俊之先生に聞く
　　おりがみと脳の関係

✲ おりがみの基本 ✲

この本に登場する基本的なおりがみの折り方を紹介します。

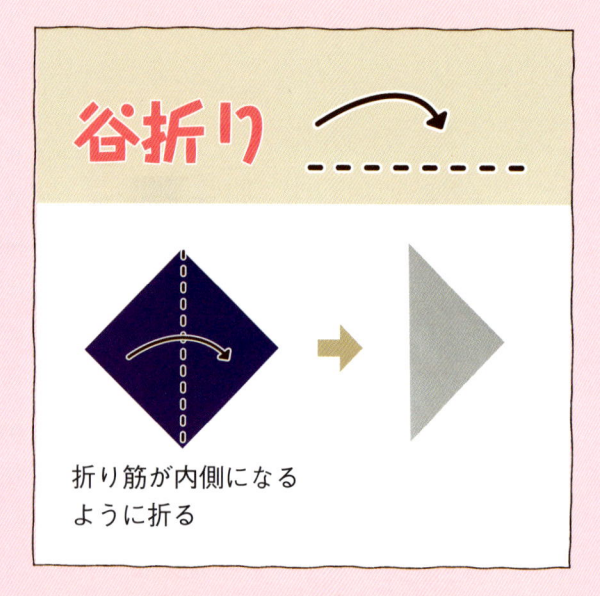

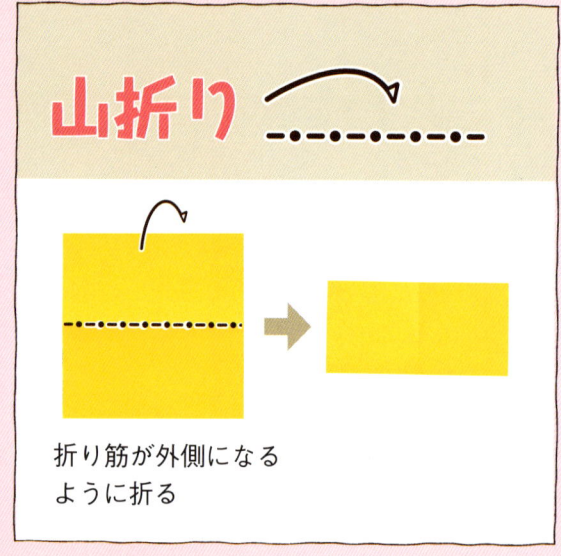

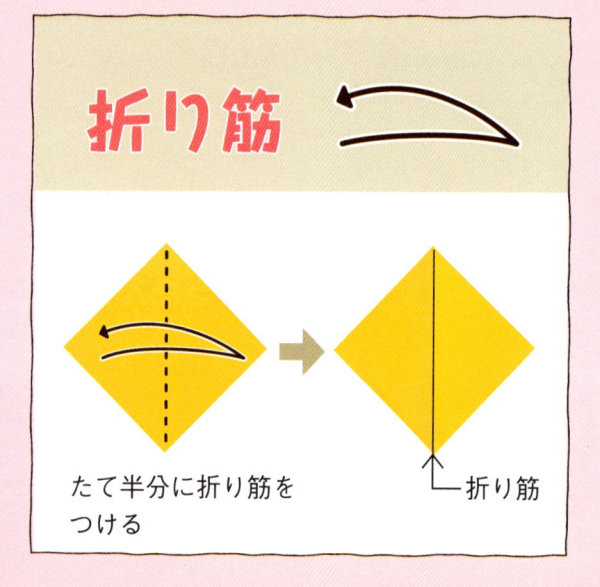

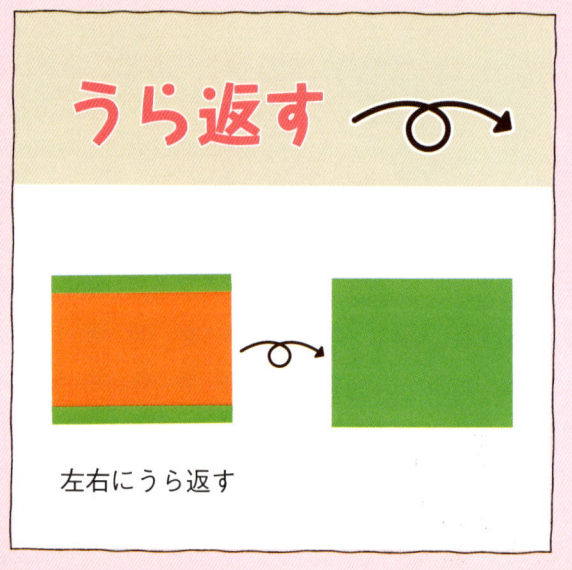

谷折り

折り筋が内側になるように折る

山折り

折り筋が外側になるように折る

折り筋

たて半分に折り筋をつける

折り筋

うら返す

左右にうら返す

向きをかえる

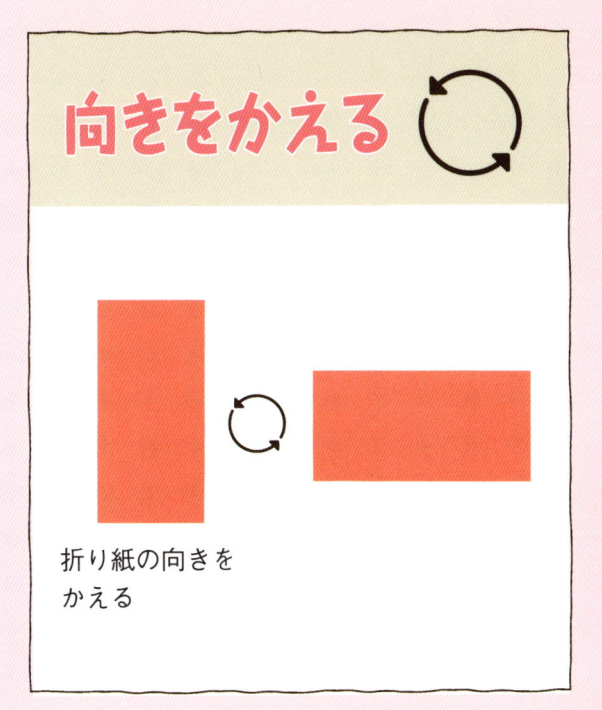

折り紙の向きを
かえる

開く

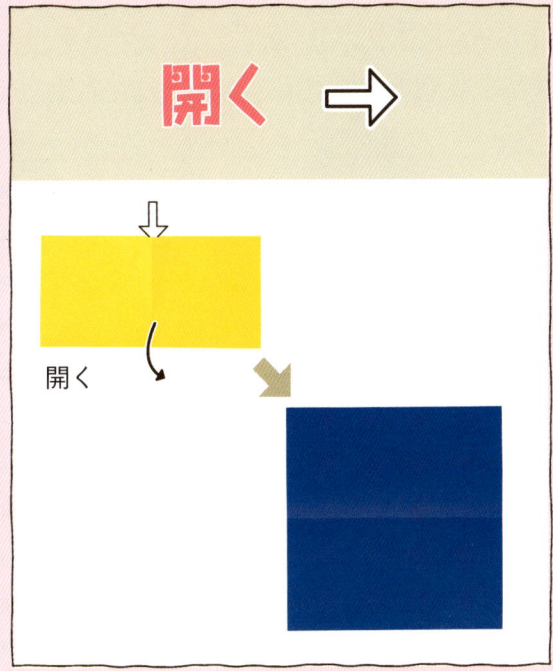

開く

等分線

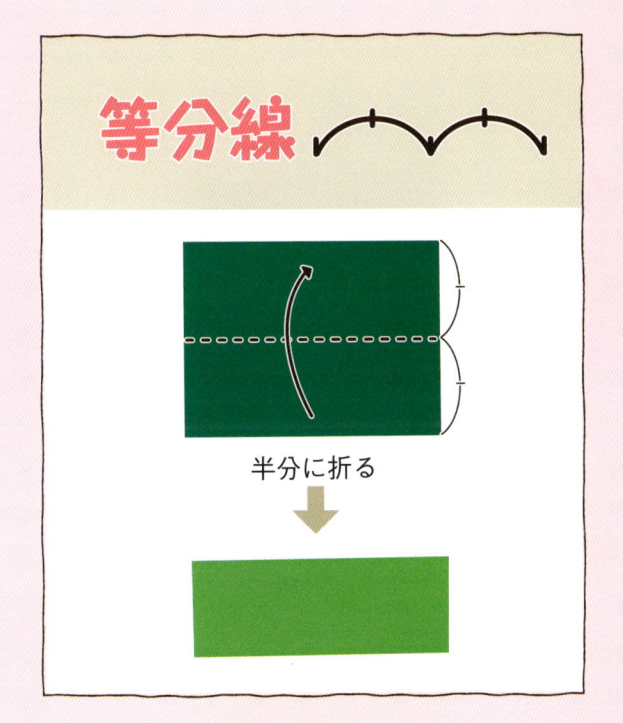

半分に折る

はさみ

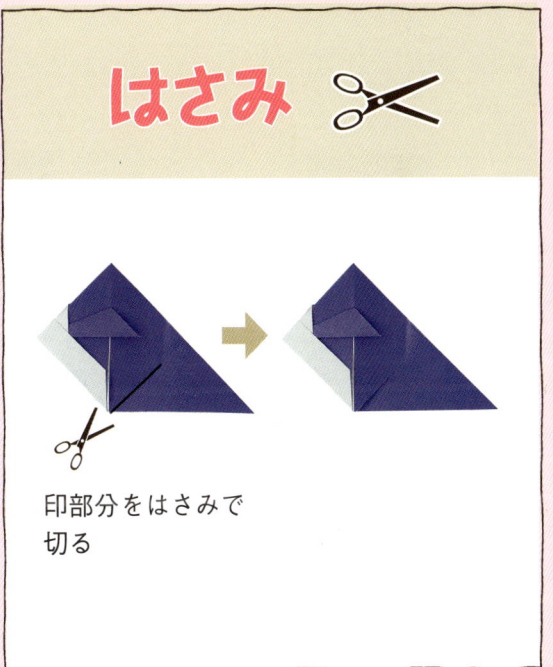

印部分をはさみで
切る

四角折り

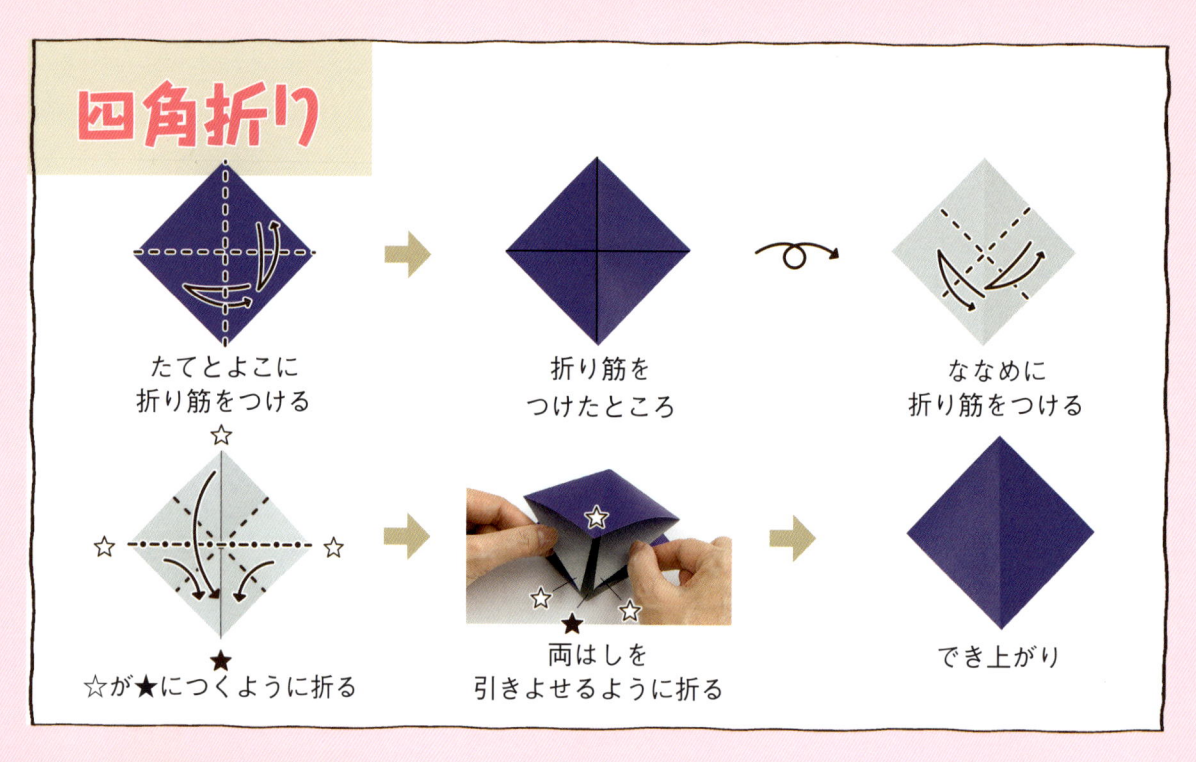

たてとよこに折り筋をつける

折り筋をつけたところ

ななめに折り筋をつける

☆が★につくように折る

両はしを引きよせるように折る

でき上がり

三角折り

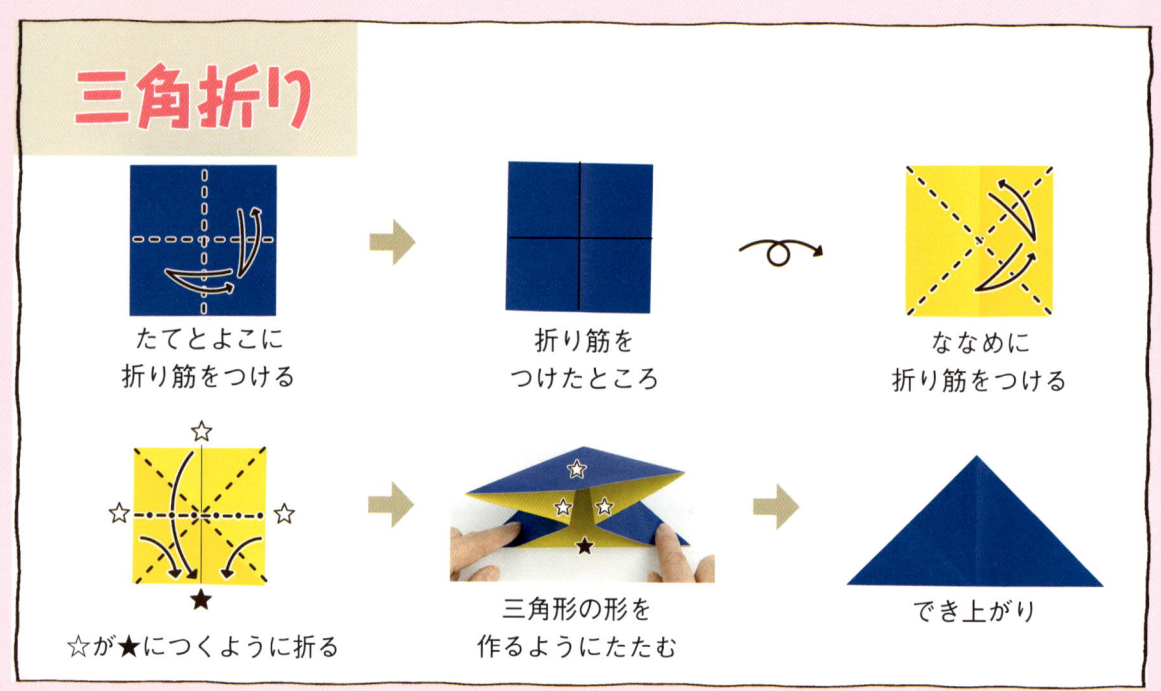

たてとよこに折り筋をつける

折り筋をつけたところ

ななめに折り筋をつける

☆が★につくように折る

三角形の形を作るようにたたむ

でき上がり

中わり折り

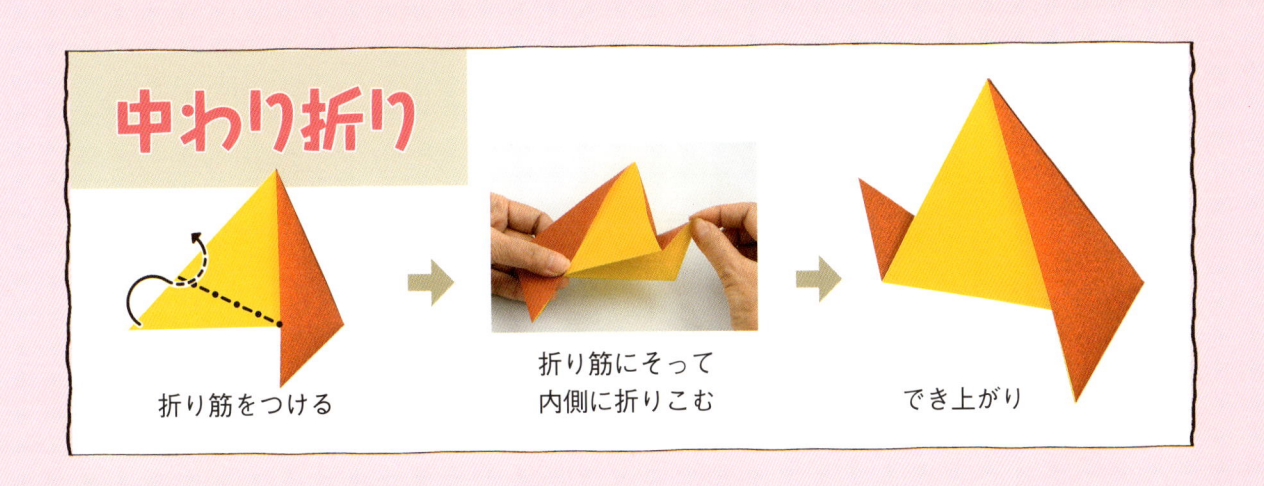

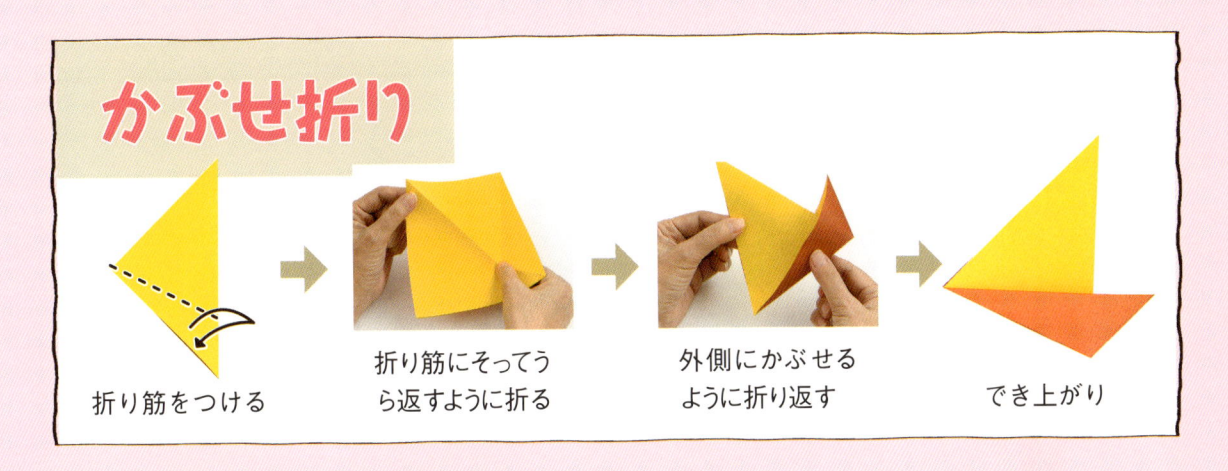

折り筋をつける → 折り筋にそって内側に折りこむ → でき上がり

かぶせ折り

折り筋をつける → 折り筋にそってうら返すように折る → 外側にかぶせるように折り返す → でき上がり

ざぶとん折り

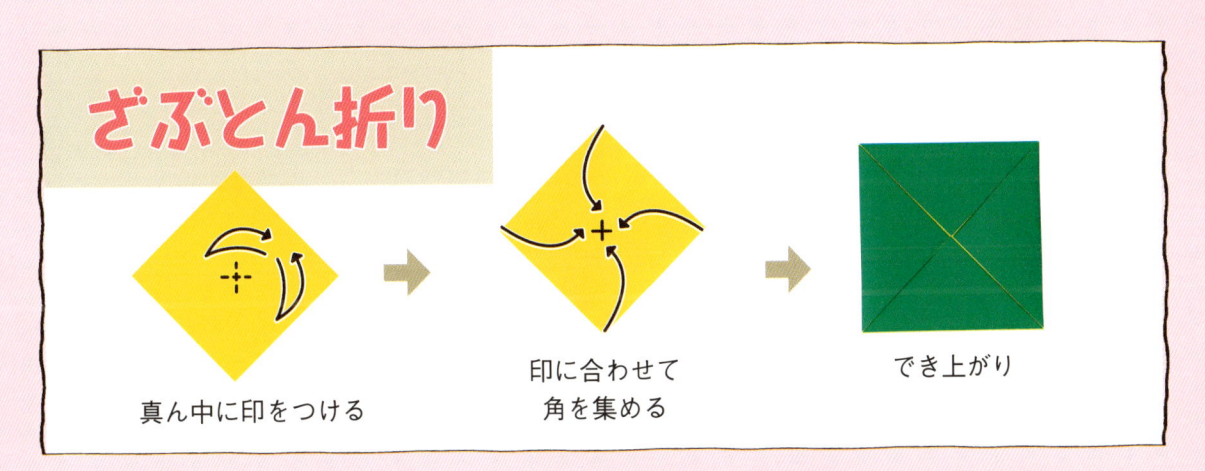

真ん中に印をつける → 印に合わせて角を集める → でき上がり

第1章
5ステップで折れるおりがみ

> 2〜3歳

お母さんと一緒に折れる簡単な作品を紹介。
どれもかわいい作品です。

※仕上げに裏返すなどの工程は5ステップから除いています。

■澤口先生からお母さんへのメッセージ

ポイント1
とにかく
ほめることが大切

ポイント2
ぐちゃぐちゃになっても
大丈夫

ポイント3
**簡単な
作品でもOK**

　2〜3歳の子どもが一人でおりがみを折るのはとても難しいことなので、お母さんが一緒になって折ってあげましょう。そして、作品が完成したらほめてあげてください。ほめられることによって、目的を達成する喜びを覚えます。

　難しい作品を作れる＝脳にいいというわけではありません。指先を動かすことがいいといわれているので、簡単な作品でもかまいません。とにかくいろいろな作品を折るようにして、できればおりがみの色もたくさん使いましょう。

さかな

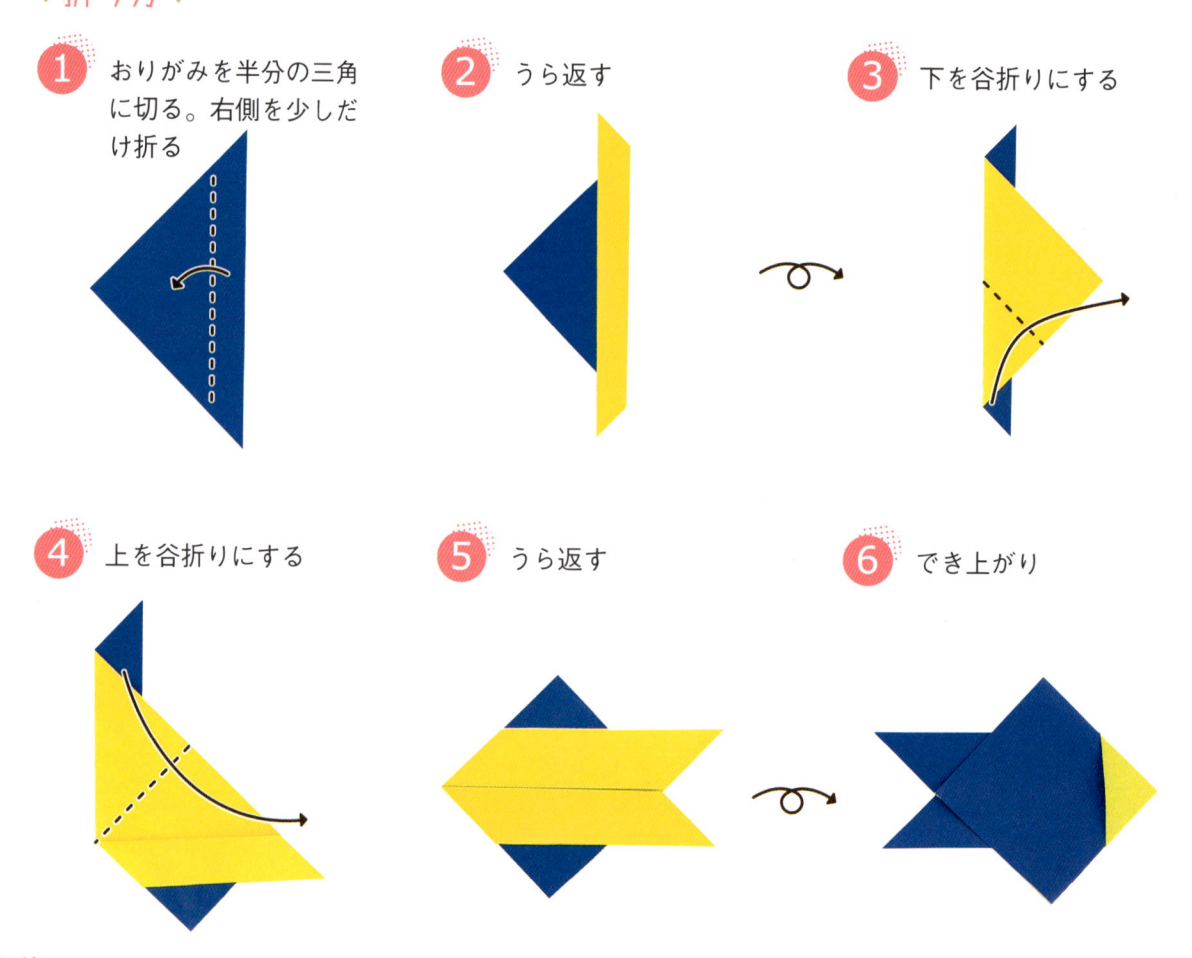

[この本で使用しているおりがみの大きさは、特別に記載のないかぎり15×15cmです]

折り方

1. おりがみを半分の三角に切る。右側を少しだけ折る
2. うら返す
3. 下を谷折りにする
4. 上を谷折りにする
5. うら返す
6. でき上がり

犬

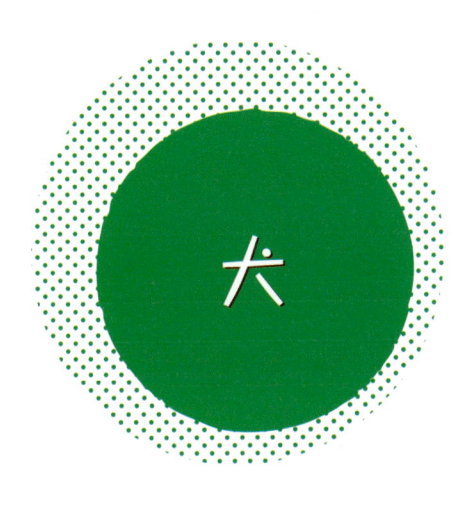

✲折り方✲

1. 半分に折る 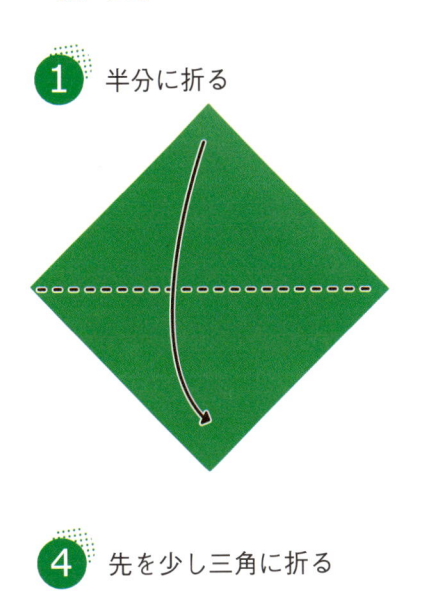
2. 両はしを三角に折る 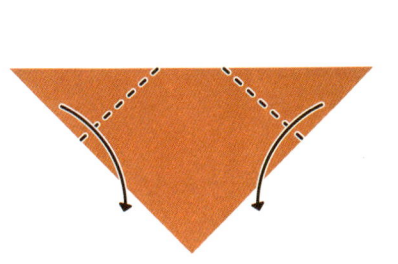
3. 表と裏を三角に折る 
4. 先を少し三角に折る  
5. 顔をかいてでき上がり

13

矢印

折り方

1. 半分に折る 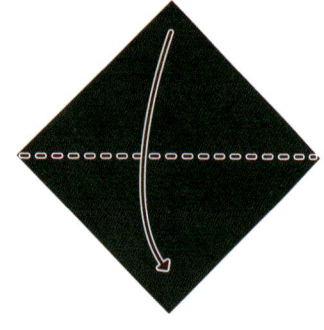
2. 表と裏を谷折りにする 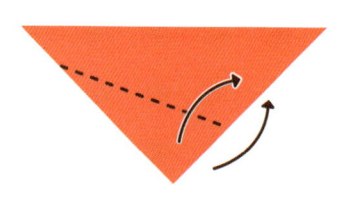
3. 開く 
4. はしを折る 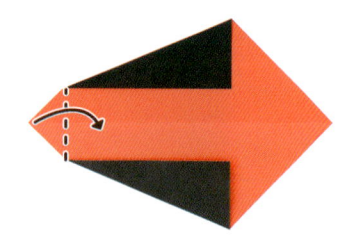
5. でき上がり

えんぴつ

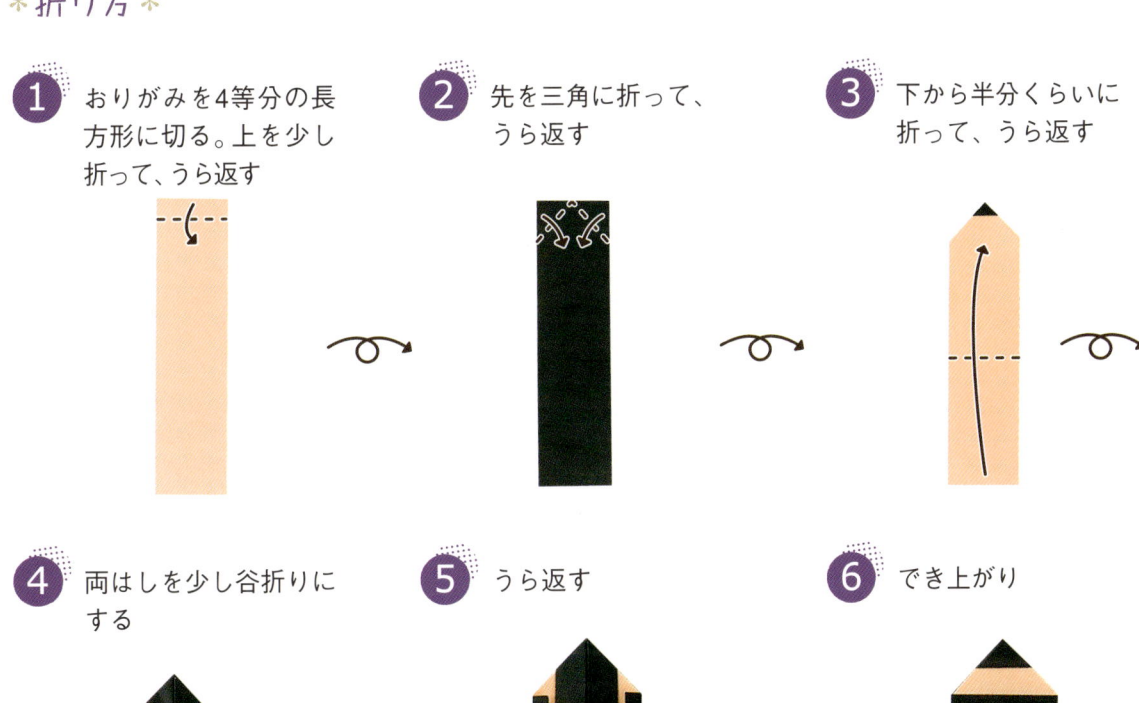

折り方

1. おりがみを4等分の長方形に切る。上を少し折って、うら返す

2. 先を三角に折って、うら返す

3. 下から半分くらいに折って、うら返す

4. 両はしを少し谷折りにする

5. うら返す

6. でき上がり

バス

＊折り方＊

1. $\frac{1}{4}$ のところで折る
2. うら返す
3. 半分に折る
4. うら返す
5. まどとドア、タイヤをかいて、でき上がり

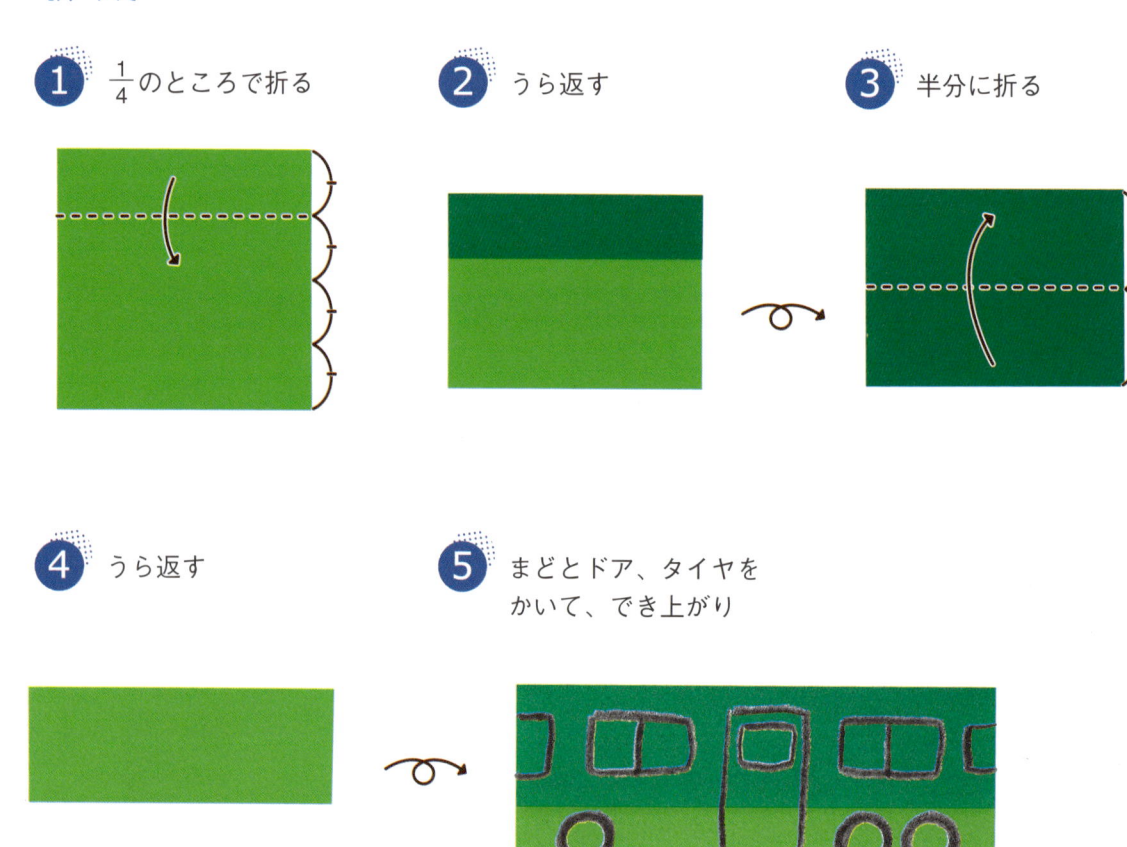

きのこ

折り方

1. 半分に折る 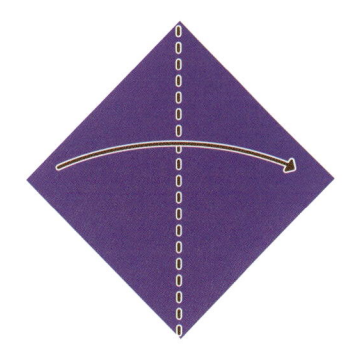
2. 谷折りにする。裏も同じように折る 
3. はさみではしを少し切って、開く 
4. 矢印のように折る 
5. 上を半分に折って、うら返す 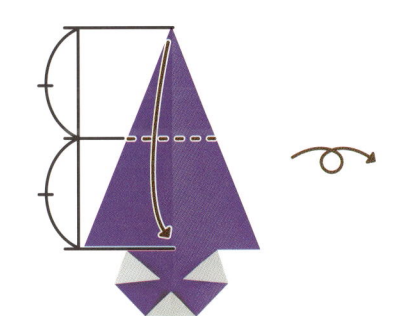
6. 絵をかいてでき上がり

アイスクリーム

折り方

1. 半分に折って、折り筋をつける 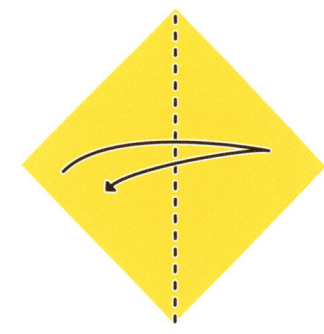
2. 折り筋に向かって谷折りにする 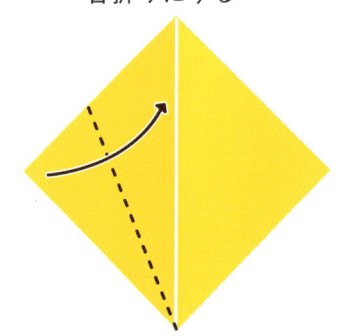
3. 2と同じように谷折りにする 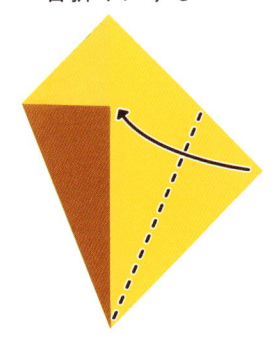
4. 上を少しちぎる 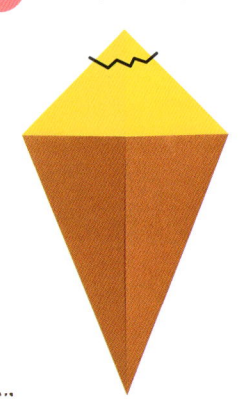
5. でき上がり

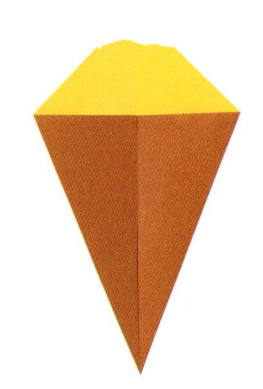

いちご

折り方

1. おりがみを半分の三角に切る。両はしを三角に折る 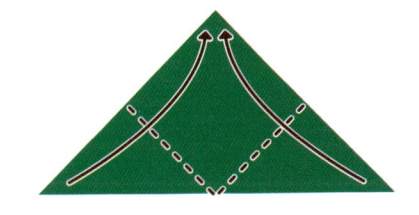
2. 両はしを少し折る 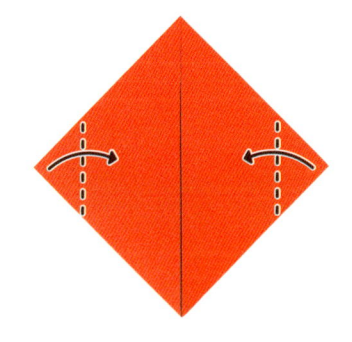
3. うら返す 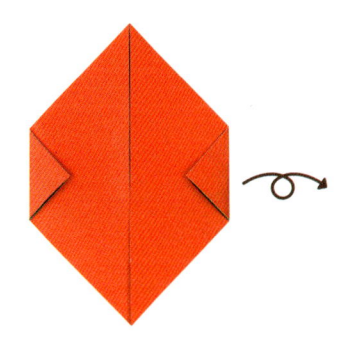
4. 上の紙を少し谷折りにする 
5. でき上がり

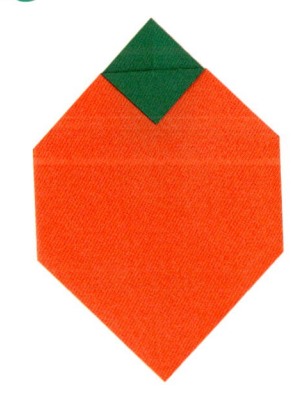

ほし

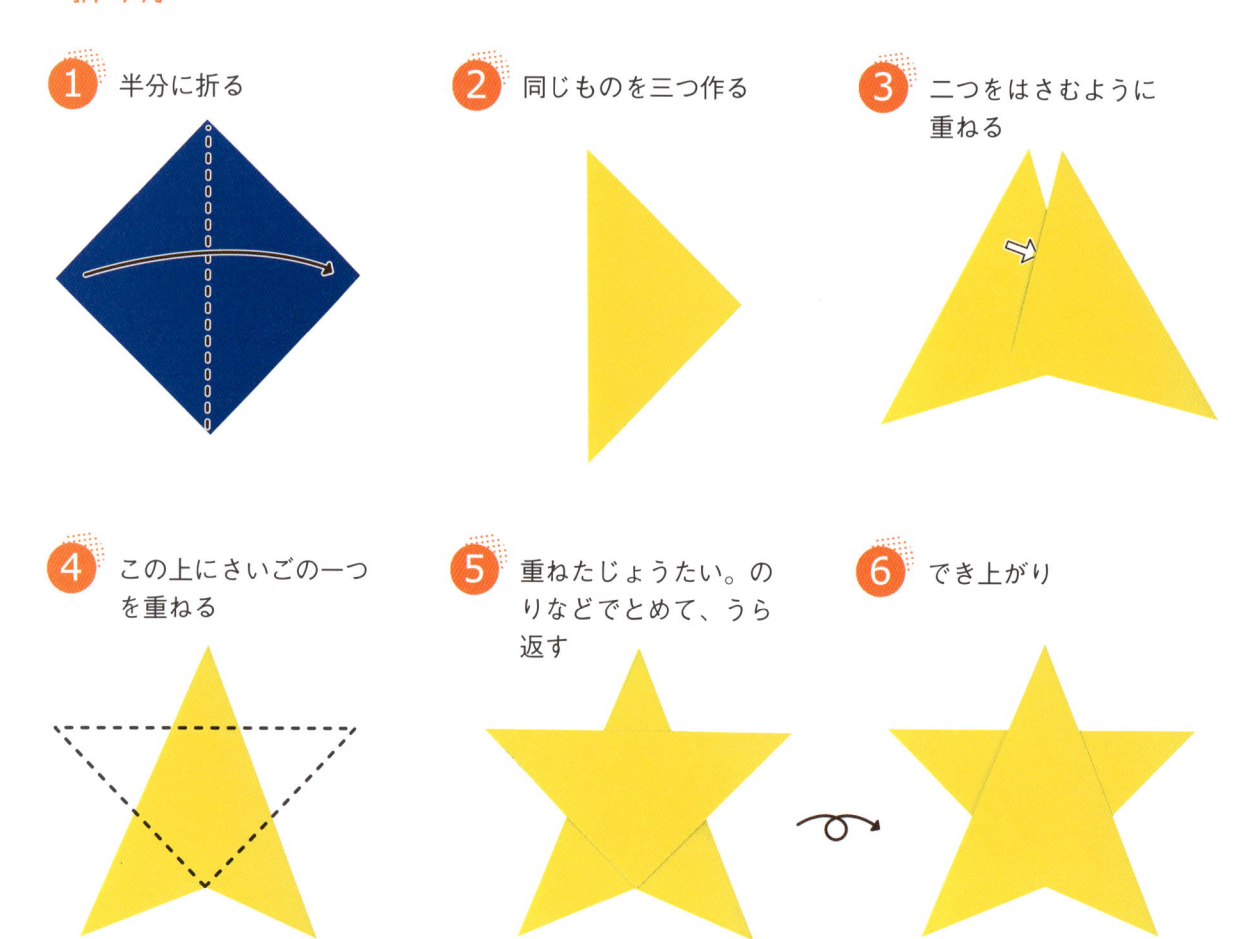

折り方

1. 半分に折る
2. 同じものを三つ作る
3. 二つをはさむように重ねる
4. この上にさいごの一つを重ねる
5. 重ねたじょうたい。のりなどでとめて、うら返す
6. でき上がり

UFO

折り方

1. 半分に折る

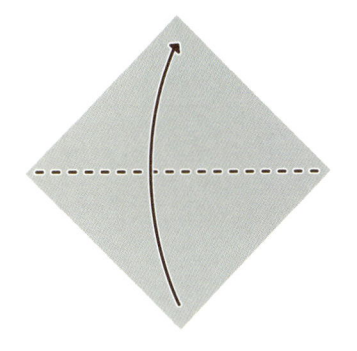

2. 真ん中に合わせて両はしを折る

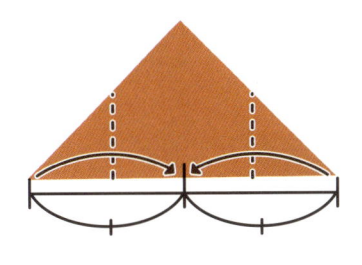

3. ななめに谷折りにする

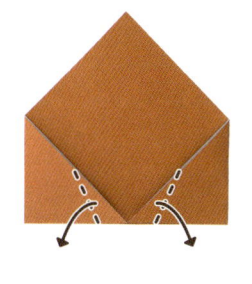

4. 後ろに山折りにする

5. 手前の1枚だけ半分に谷折りにして、向きをかえる

6. でき上がり

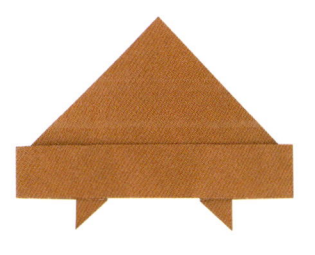

21

ポット

折り方

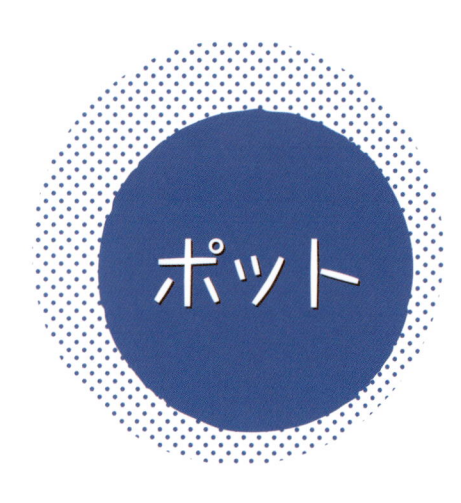

1. 半分に折る 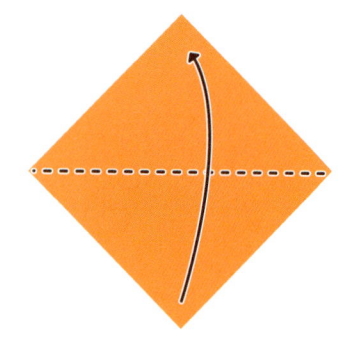
2. 2枚いっしょに下に折る 
3. バランスを見ながら、図のように折る 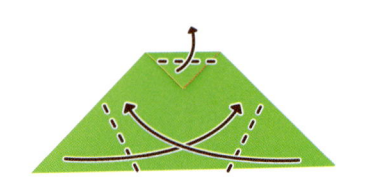
4. 左を谷折りにする 
5. うら返す 
6. でき上がり

犬のおめん

折り方

1 半分に折る

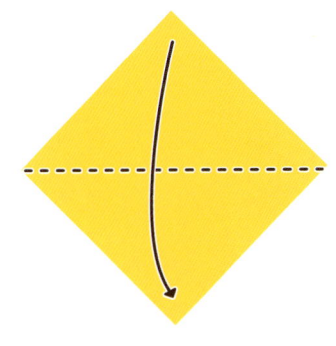

たて56×よこ56cm

2 真ん中に折り筋をつける

3 ☆はななめに三角に折り、★は表、裏をそれぞれ三角に折る

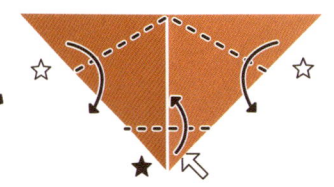

4 先を少し谷折りにする

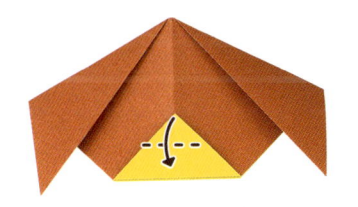

5 折り筋を山折りにして立体的にする

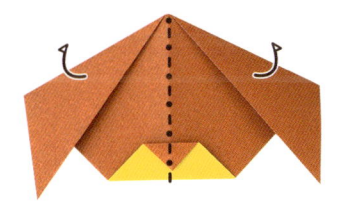

6 顔をかいてでき上がり

けいたい でんわ

折り方

1. 三等分になるように左はしを谷折りにする 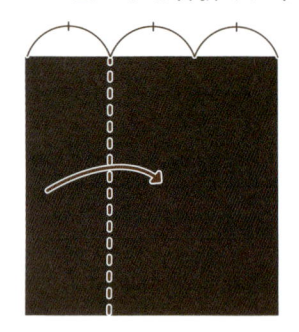
2. 右はしを谷折りにする 
3. うら返す 
4. 半分に折る 
5. 開く 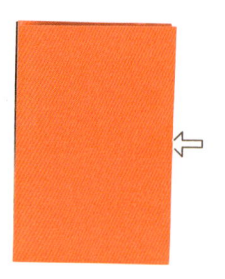
6. がめんやボタンをかいてでき上がり

ヨット

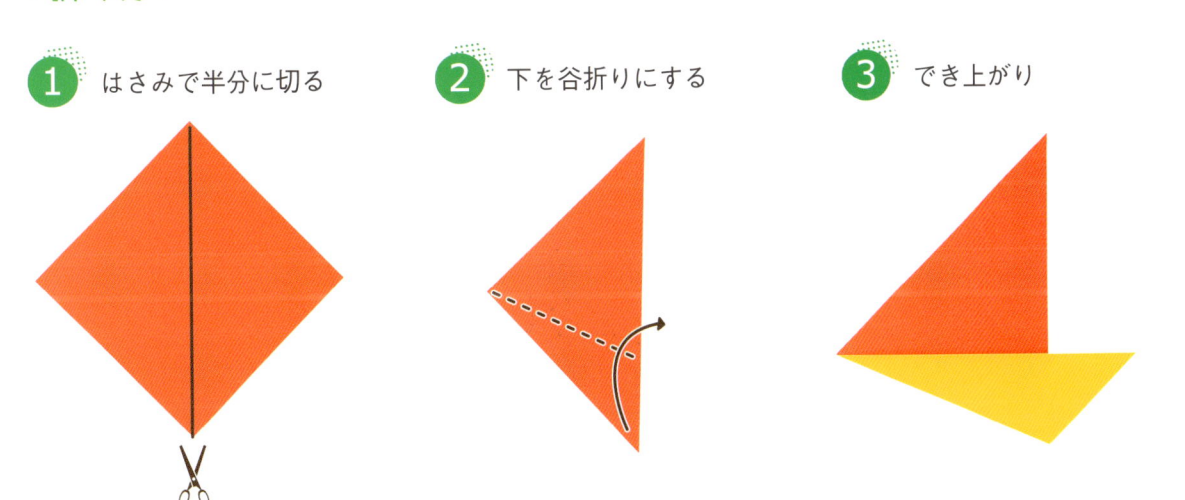

折り方

1. はさみで半分に切る
2. 下を谷折りにする
3. でき上がり

第2章
お母さん、おばあちゃんと楽しむおりがみ

5歳

お母さん、おばあちゃんと一緒に楽しめる
かわいらしい作品がたくさん登場。
すてきな作品にするため、気持ちを込めて折りましょう。

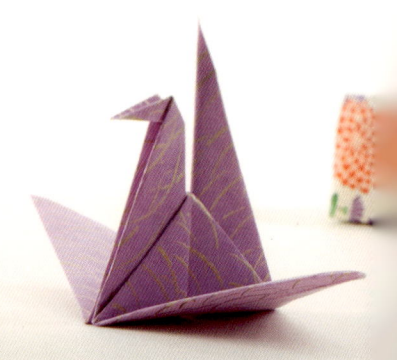

■ 澤口先生からお母さんへのメッセージ

ポイント1
お母さん、おばあちゃんと**接する時間**が大切

ポイント2
目的を持って作品を作らせる

ポイント3
きれいに折ることを身につけさせる

5歳ごろになると、ある程度、きれいにおりがみを折ることができるようになるので、お母さんやおばあちゃんが見本となってあげましょう。そして、「今日は○○を折ろうね」と、目的を持たせるようにします。最終的な形をイメージすることは非常に大切なことです。

なるべく、お母さん、おばあちゃんたちが一緒に過ごすようにしてあげましょう。ただし、一緒にテレビゲームをしたりすることは、避けてください。

正方形の箱

折り方

1 真ん中に印をつける

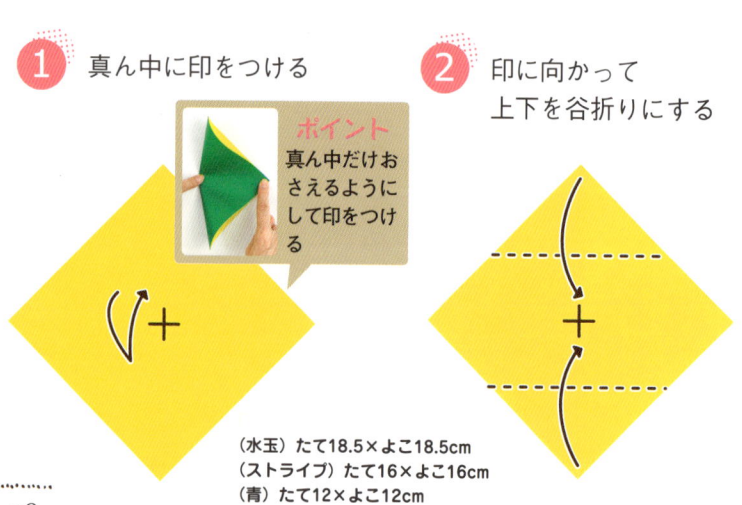

ポイント 真ん中だけおさえるようにして印をつける

2 印に向かって上下を谷折りにする

3 印に向かって右左を谷折りにする。（9ページのざぶとん折り参照）

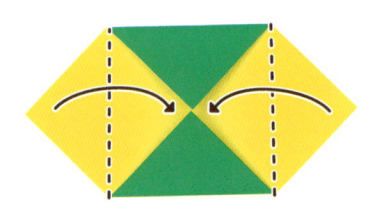

（水玉）たて18.5×よこ18.5cm
（ストライプ）たて16×よこ16cm
（青）たて12×よこ12cm

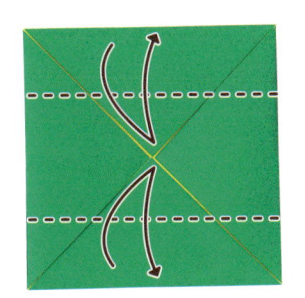

4 真ん中に向かって上下に折り筋をつける

5 真ん中に向かって左右に折り筋をつける

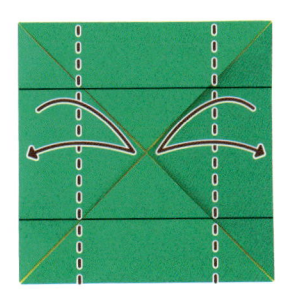

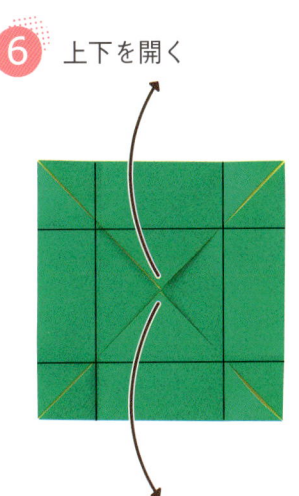

6 上下を開く

7 ☆が★につくように折る

ポイント
引きよせるように折りたたむ

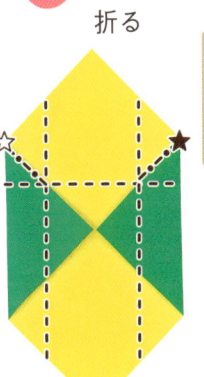

8 ○が●につくように折る

9 写真のような形になる。○の中も7、8と同じように折る

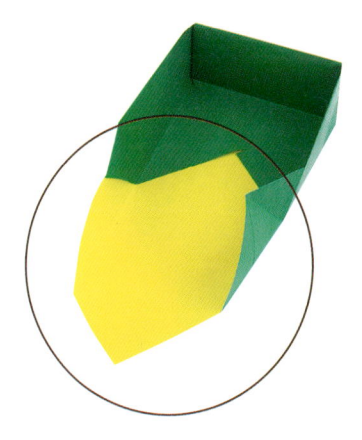

10 でき上がり

★ふたは箱本体より5mmぐらい大きい紙で同じように折ります

はしぶくろ

折り方

1. 下を少し半分に折って折り筋をつける

   たて17×よこ8.7cm

2. 左はしを折り筋に向かって折る

3. 右はしを半分くらい折る。開く

4 両はしを折り筋に向かって三角に折る

5 折り筋にそって谷折りにする

6 折り筋にそって谷折りにする

7 折ったところ。うら返す

8 下を少し谷折りにする

9 折ったところ。うら返す

10 でき上がり

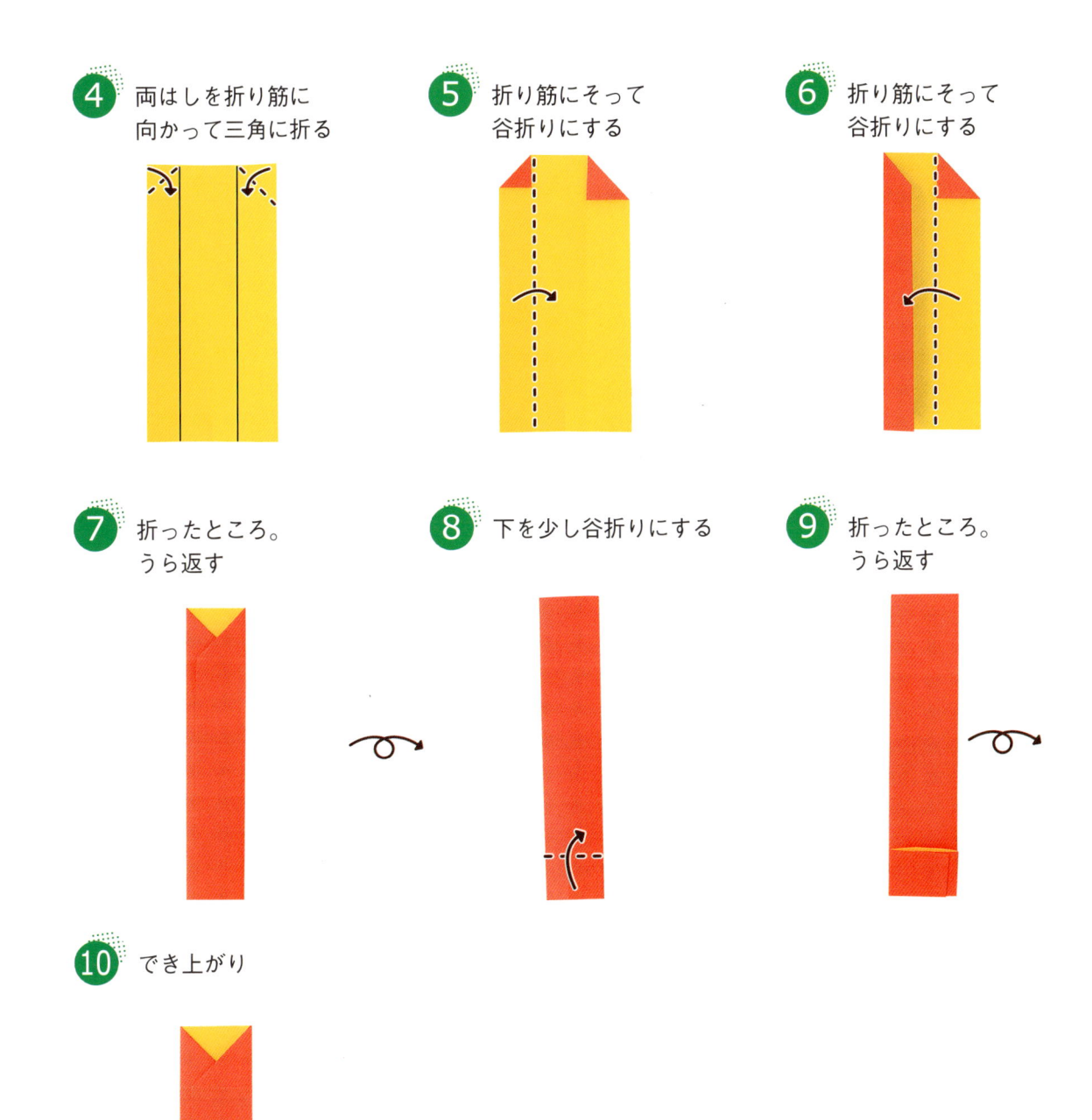

31

おさいふ

＊折り方＊

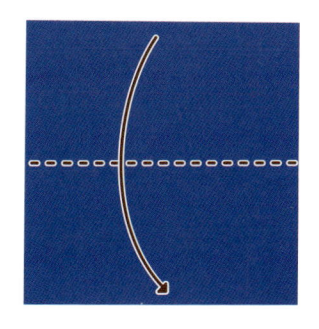

1. 半分に折る

2. 上の1枚を真ん中くらいまで谷折りにする

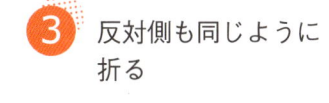

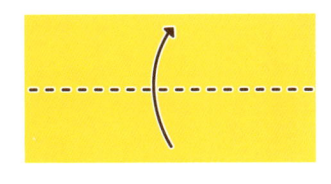

3. 反対側も同じように折る

4. 一度、開く

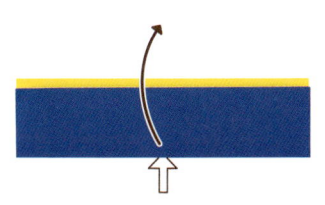

5. 左右を谷折りにする

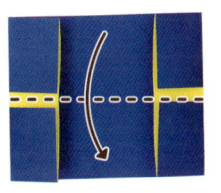

6. 半分に谷折りにする

7. でき上がり

しおり

✽折り方〈三角〉✽

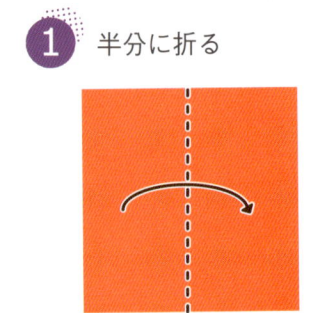

1. 半分に折る
2. さらに半分に折る
3. ななめに折り筋をつける

4 うら返す

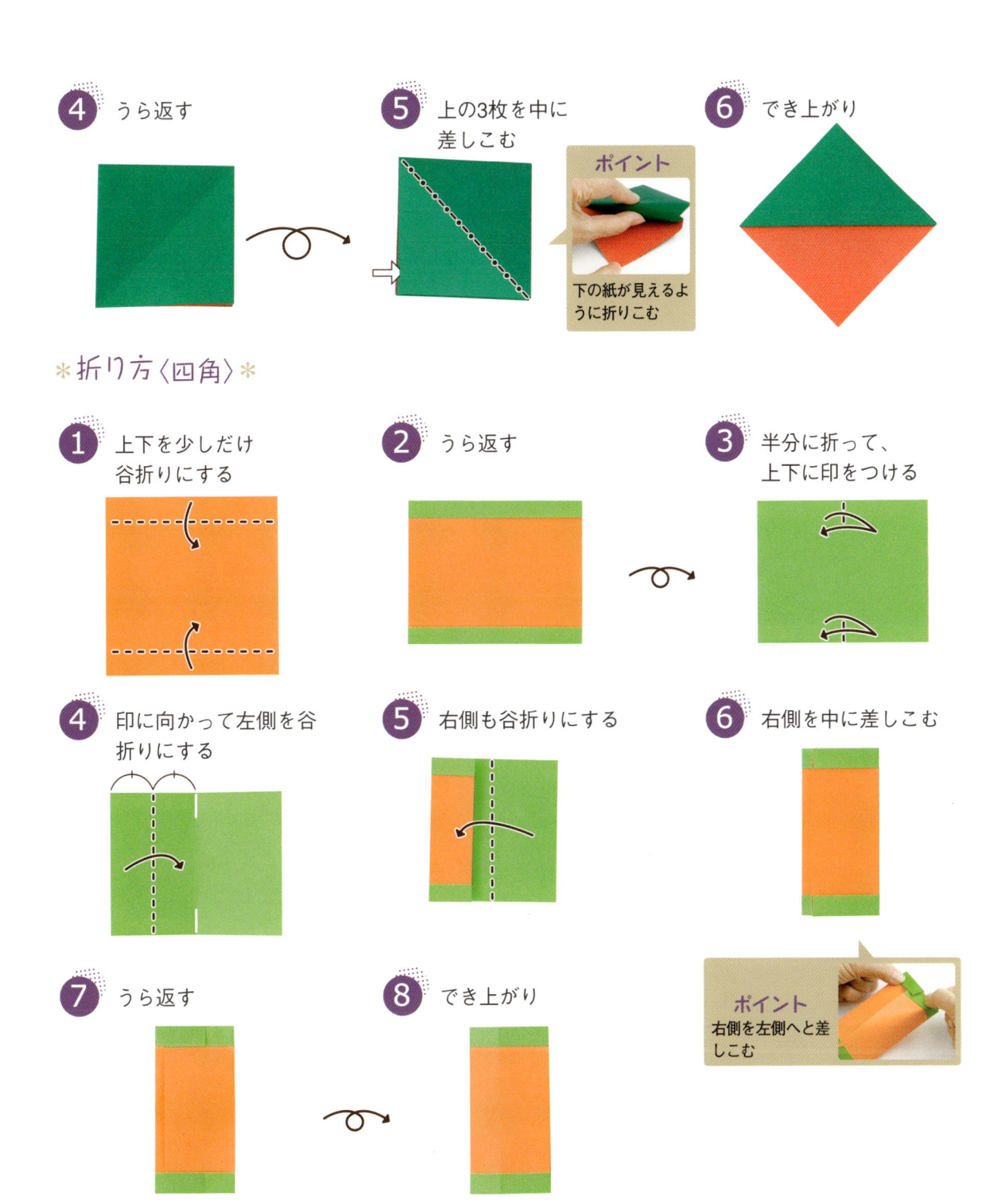

5 上の3枚を中に差しこむ

ポイント
下の紙が見えるように折りこむ

6 でき上がり

＊折り方〈四角〉＊

1 上下を少しだけ谷折りにする

2 うら返す

3 半分に折って、上下に印をつける

4 印に向かって左側を谷折りにする

5 右側も谷折りにする

6 右側を中に差しこむ

ポイント
右側を左側へと差しこむ

7 うら返す

8 でき上がり

35

ふうとう

36

✲折り方✲

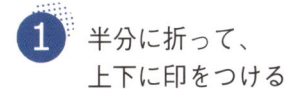

1. 半分に折って、上下に印をつける

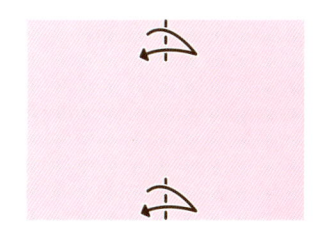

たて25×よこ36㎝

2. 印に向かって左右を谷折りにする

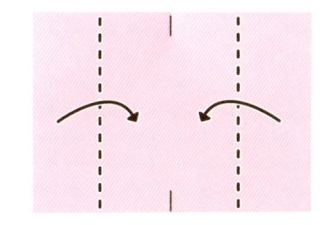

3. 下を真ん中くらいまで谷折りにする

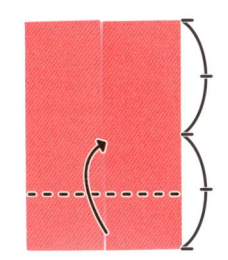

4. 上を谷折りにして下の紙を中に差しこむ

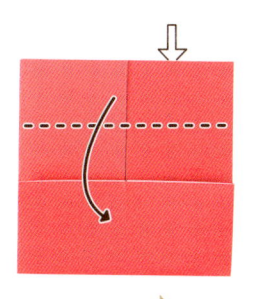

ポイント
下を上の紙の中に差しこむ

5. 差しこんだところ。うら返す

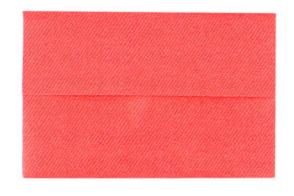

6. でき上がり

つるの写真立て

折り方

1. 四角折り（8ページ参照）から始める。真ん中に向かって谷折りにする

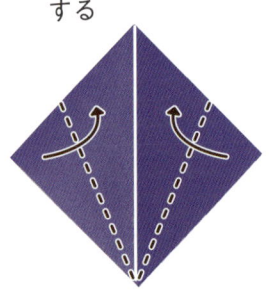

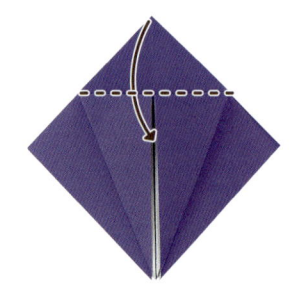

2. 上を谷折りにする

3. 開く

4 上の1枚を上に上げてつぶす

ポイント 図のように手前の1枚を持ち上げて開いてつぶす

5 裏側も1〜4と同じように折る

6 上の1枚を谷折りにする（裏も同じ）

7 下の1枚を谷折りにする

8 うら返す

9 折り筋をつけて、中わり折り（9ページ参照）にする

ポイント 折り筋にそって中に折りこむ

10 下の紙を上に持ち上げる

11 羽を開く

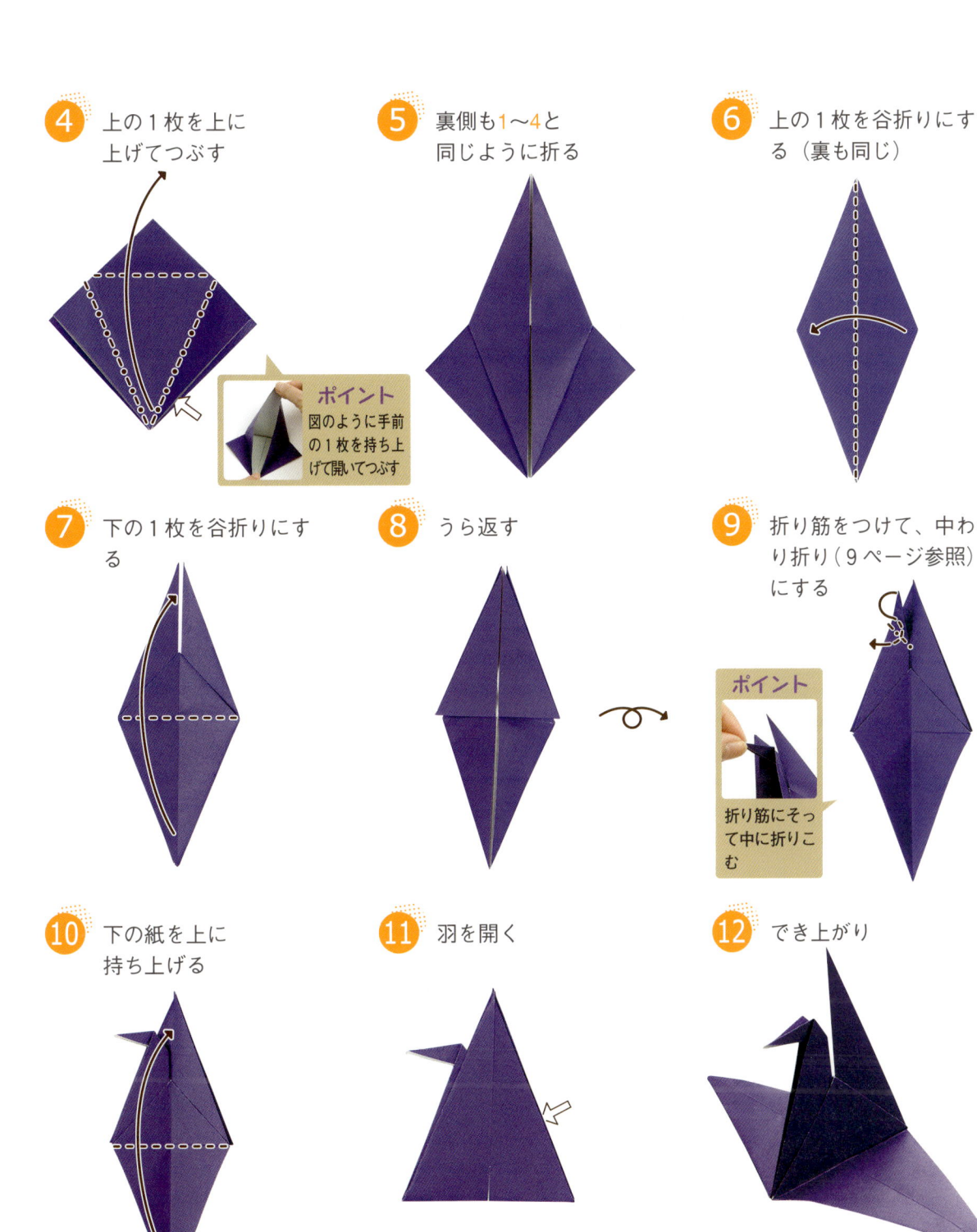

12 でき上がり

はしおき&なふだ

＊折り方〈はしおき〉＊

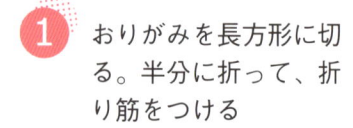

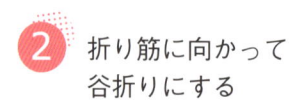

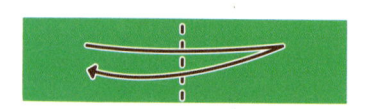

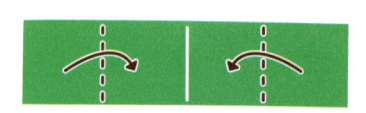

1. おりがみを長方形に切る。半分に折って、折り筋をつける

2. 折り筋に向かって谷折りにする

3. 半分に折る

④ 中わり折り（9ページ参照）にする

⑤ でき上がり

✻ 折り方〈なふだ〉✻

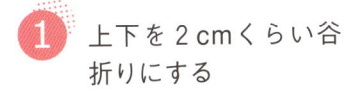

① 上下を2cmくらい谷折りにする

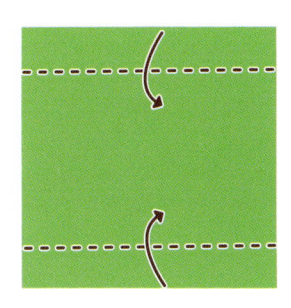

② うら返す

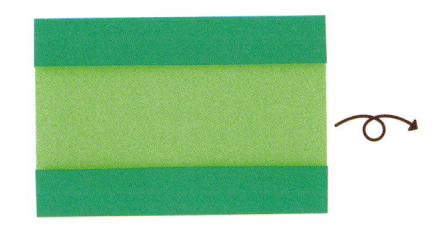

③ 半分に折って折り筋をつける

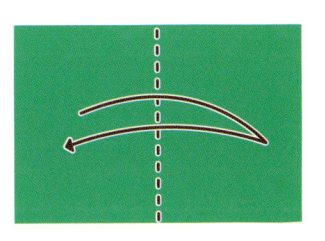

④ 折り筋に向かって谷折りにする

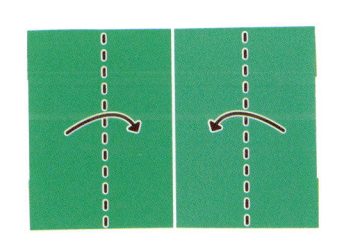

⑤ 右側を左側の中に差しこむ

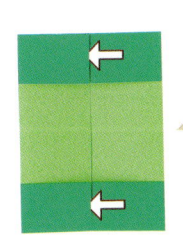

ポイント
中にしまうように差しこむ 

⑥ でき上がり

ピアノ

折り方

1. 左右を半分に折って、折り筋をつける
2. 上下を半分に折る
3. 折り筋に向かって左右を谷折りにする

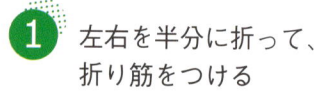

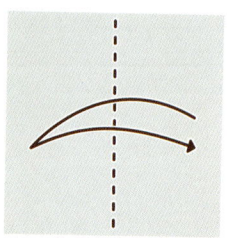

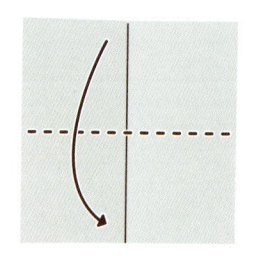

④ 左右を三角に折る

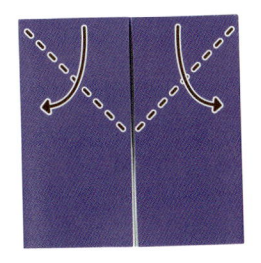

⑤ ４の形にもどす

⑥ 開いてつぶすように折る。左側も同じ

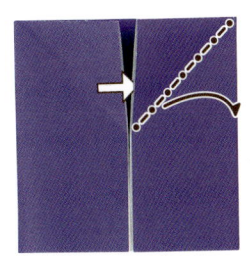

ポイント
開いたら、ういた部分をつぶす

⑦ 手前の紙を上げて折る

⑧ 折り筋を入れる

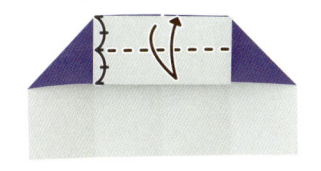

⑨ 折り筋に向かって谷折りにする

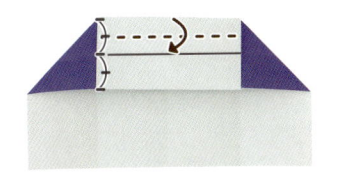

⑩ さらに谷折りする

⑪ けんばんの形を作る

ポイント
写真のような形にする

⑫ 左右を立たせてでき上がり

小学校
低学年

第3章
お父さんと遊べるおりがみ

お母さん、おばあちゃんだけでなく
お父さんと過ごすことも子どもには大切。
ここではお父さんと一緒に遊べる作品を
紹介します。

■ 澤口先生からお母さんへのメッセージ

ポイント1
小学校からは
お父さんが主役

ポイント2
体を動かせる
作品をつくる

ポイント3
一緒になって
楽しむ

　就学前まではお母さん、おばあちゃんと過ごすことが子どもにとっていいといわれていますが、それ以降はお父さんの力が必要になってきます。特にお父さんとはスポーツをするなど、一緒に体を動かすことがいいのです。おりがみの作品でも、かみひこうきやしゅりけん、かえるなど、子どもと一緒に遊べるものがたくさんあります。
　子どもと一緒に遊べる作品を折って、楽しみましょう。

ミット

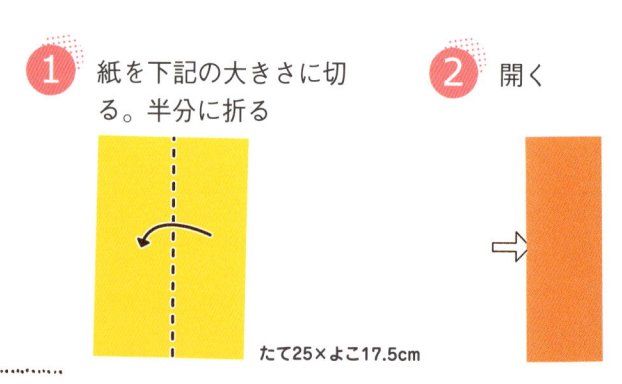

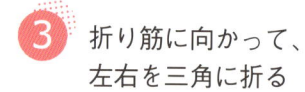

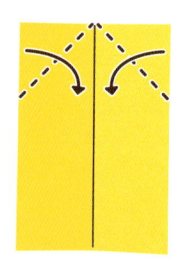

折り方

1 紙を下記の大きさに切る。半分に折る
たて25×よこ17.5cm

2 開く

3 折り筋に向かって、左右を三角に折る

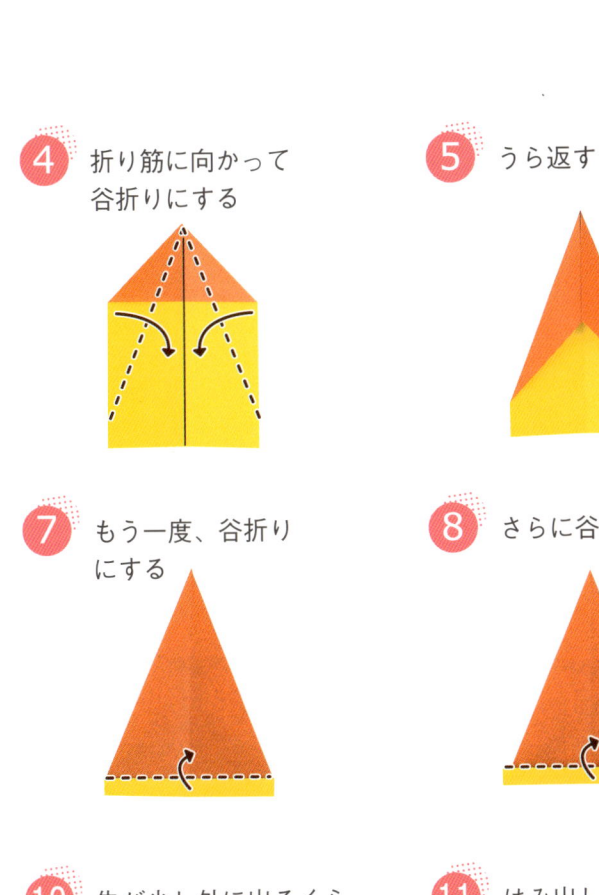

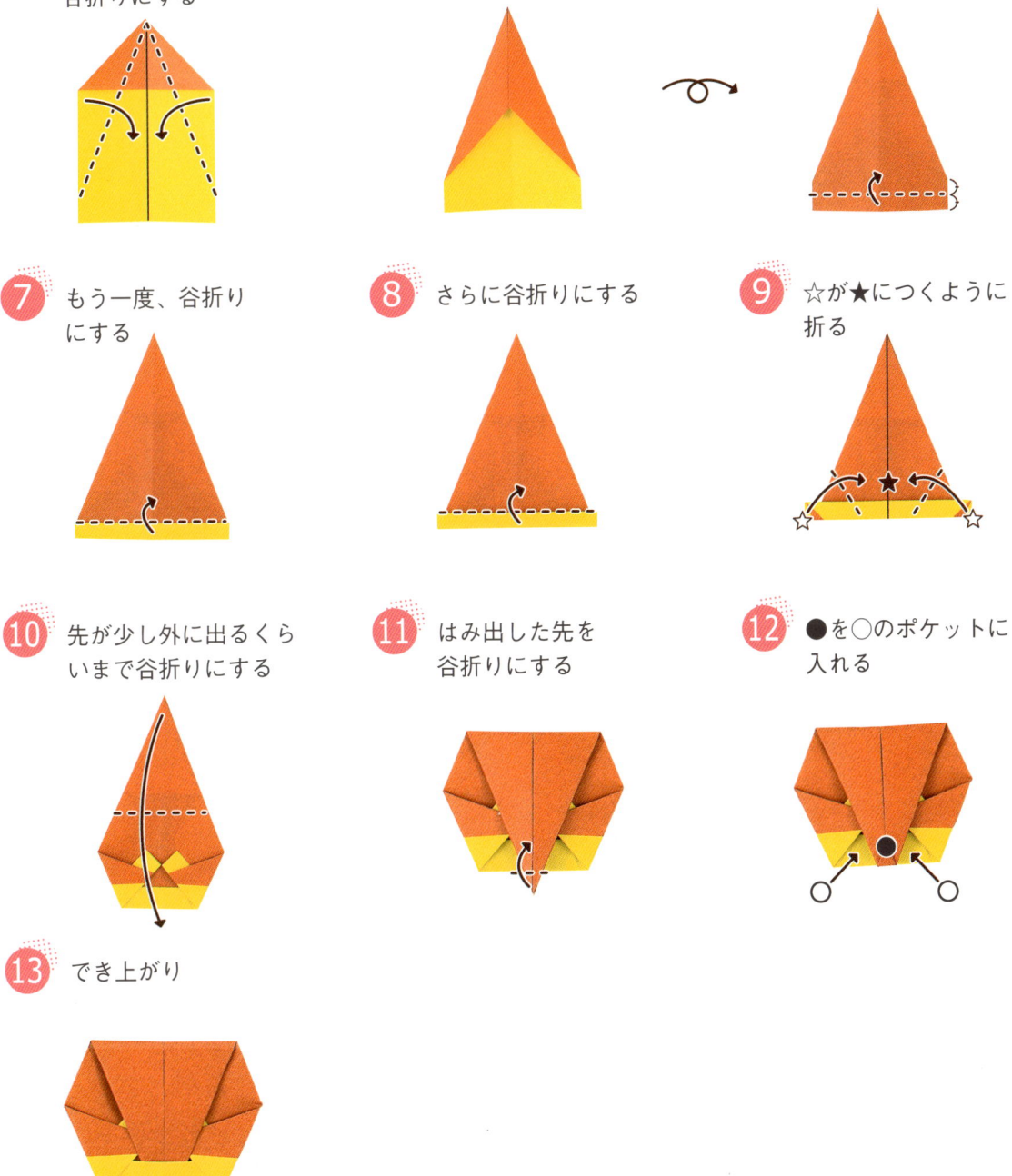

4 折り筋に向かって谷折りにする

5 うら返す

6 下を少し折る

7 もう一度、谷折りにする

8 さらに谷折りにする

9 ☆が★につくように折る

10 先が少し外に出るくらいまで谷折りにする

11 はみ出した先を谷折りにする

12 ●を○のポケットに入れる

13 でき上がり

かえる

＊折り方＊

1 おりがみを下記の大きさに切る。半分に折って、折り筋をつける

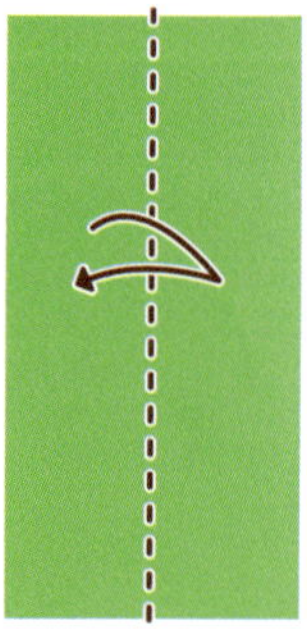

(緑) たて15×よこ7.5cm
(オレンジ) たて10×よこ5cm
(黄) たて7×よこ3.5cm

2 折り筋に向かって三角に折る

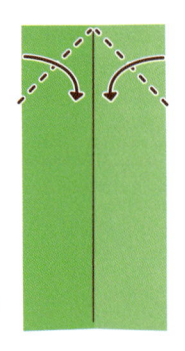

3 さらに三角に折る

4 両はしを少し折る

5 下を半分に折る

6 開く

7 折り筋に向かって谷折りにする

8 さらに谷折りにする

9 8で折った分を手前に谷折りにする

10 うら返す

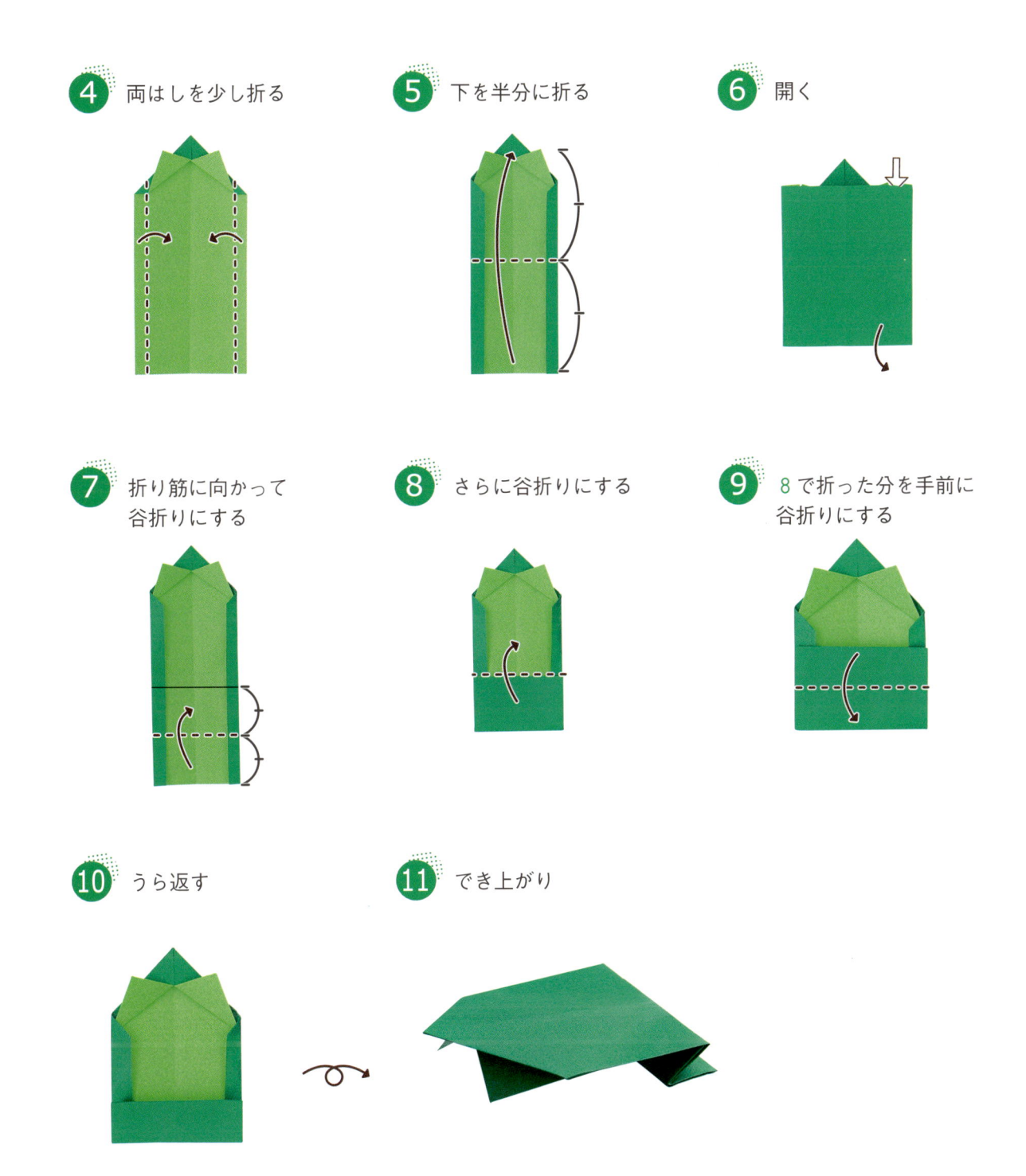

11 でき上がり

かみひこうき

折り方

1. おりがみを下記の大きさに切る。半分に折り筋をつける

    たて10.6×よこ15cm

2. 折り筋に向かって角を三角に折る

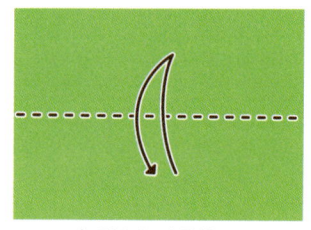

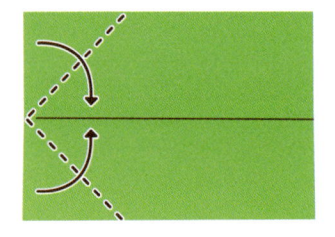

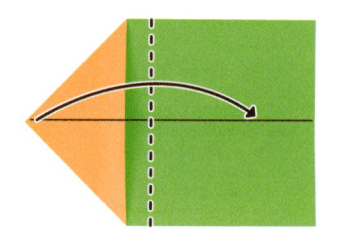

3. 谷折りにする

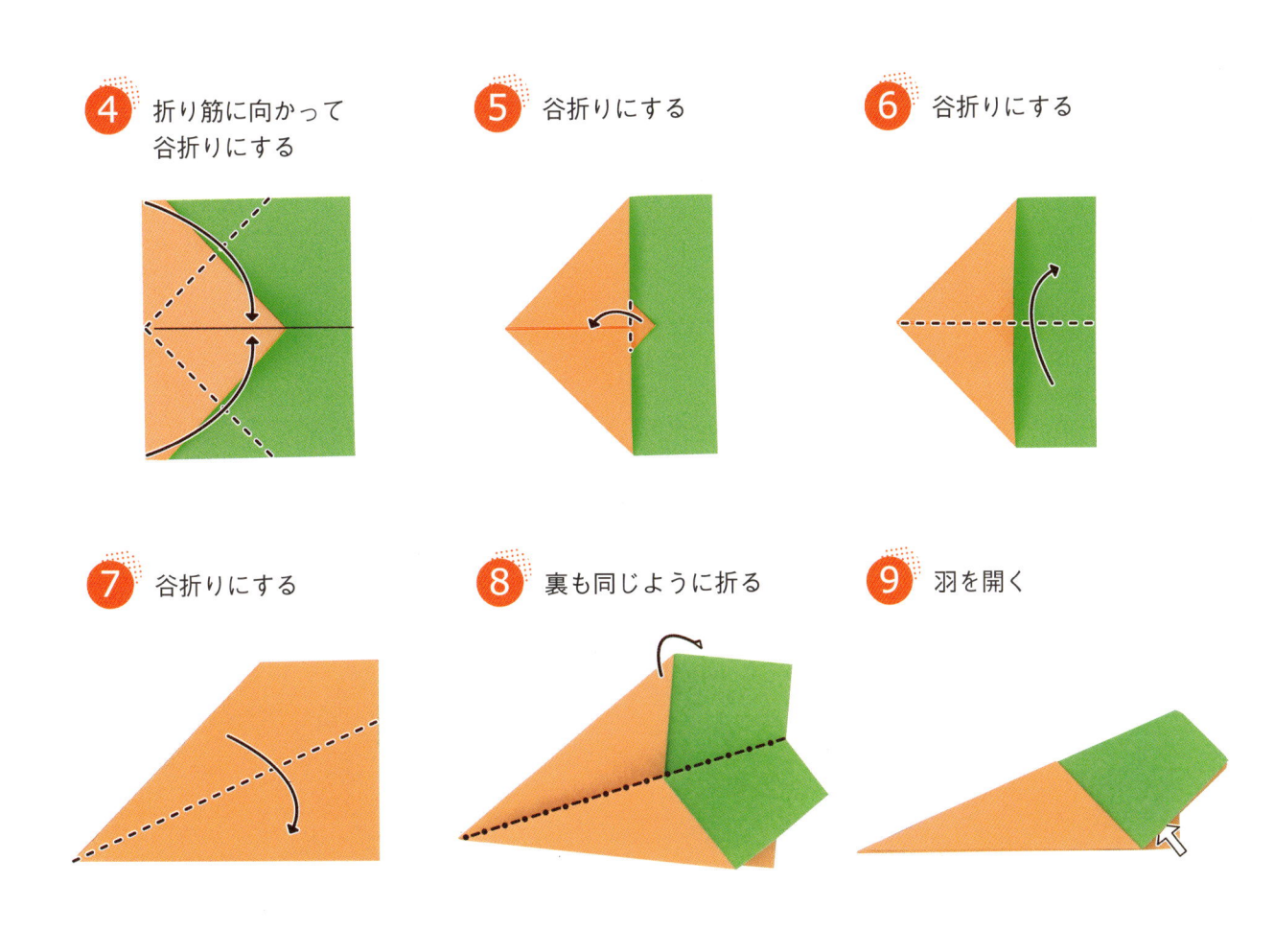

④ 折り筋に向かって谷折りにする

⑤ 谷折りにする

⑥ 谷折りにする

⑦ 谷折りにする

⑧ 裏も同じように折る

⑨ 羽を開く

⑩ でき上がり

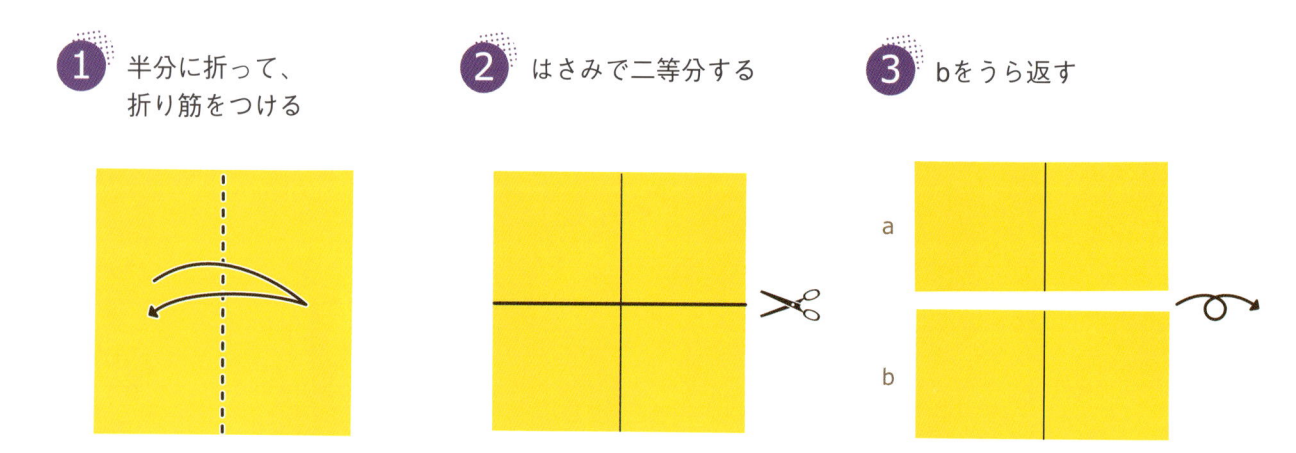

しゅりけん

＊折り方＊

1 半分に折って、折り筋をつける

2 はさみで二等分する

3 bをうら返す

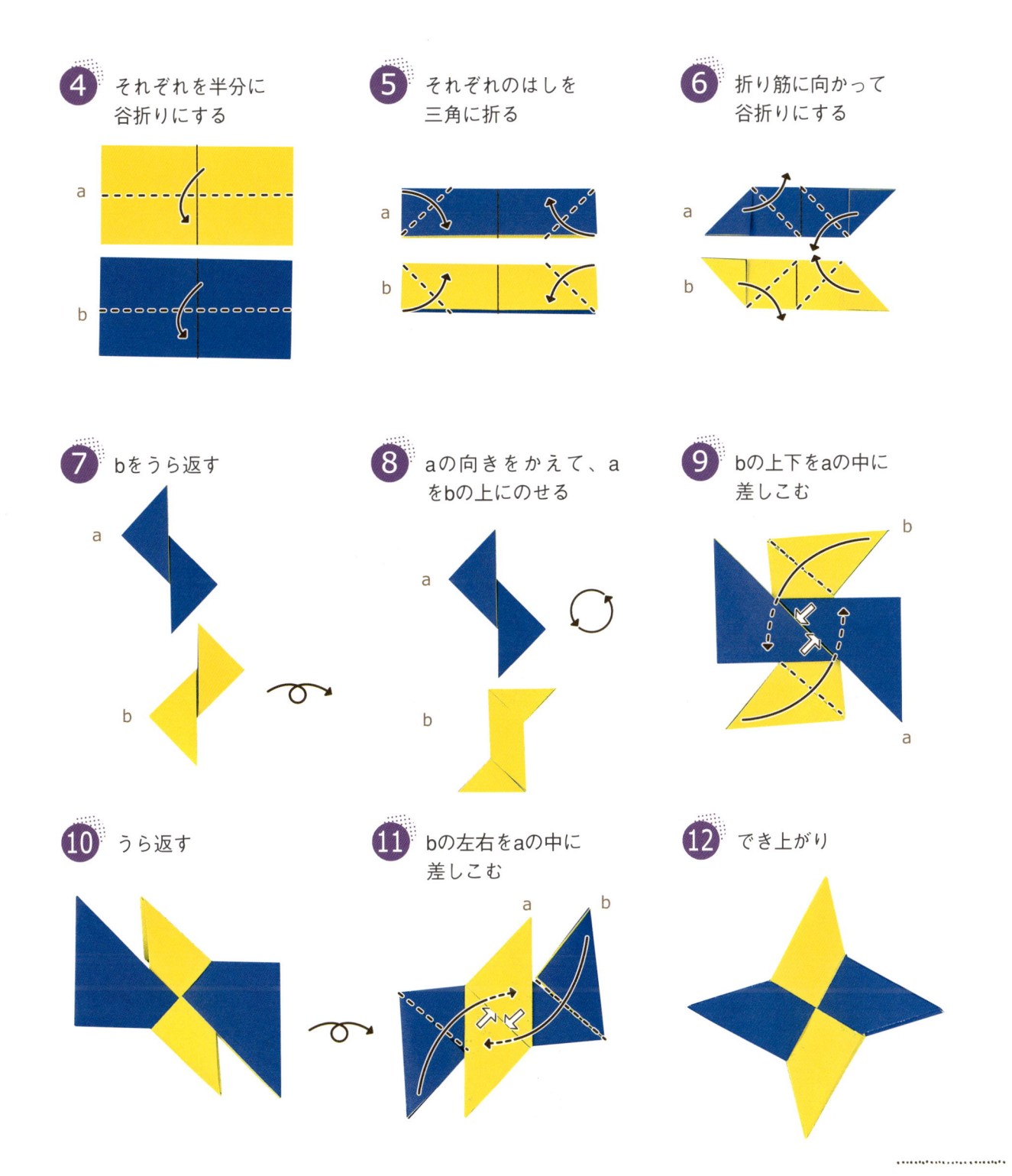

④ それぞれを半分に谷折りにする

⑤ それぞれのはしを三角に折る

⑥ 折り筋に向かって谷折りにする

⑦ bをうら返す

⑧ aの向きをかえて、aをbの上にのせる

⑨ bの上下をaの中に差しこむ

⑩ うら返す

⑪ bの左右をaの中に差しこむ

⑫ でき上がり

53

かぶと

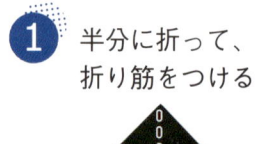

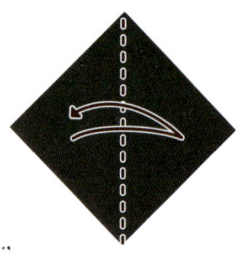

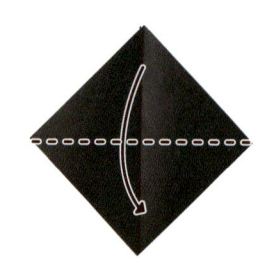

折り方

1. 半分に折って、折り筋をつける
2. 半分に折る
3. 上を少しだけ折る

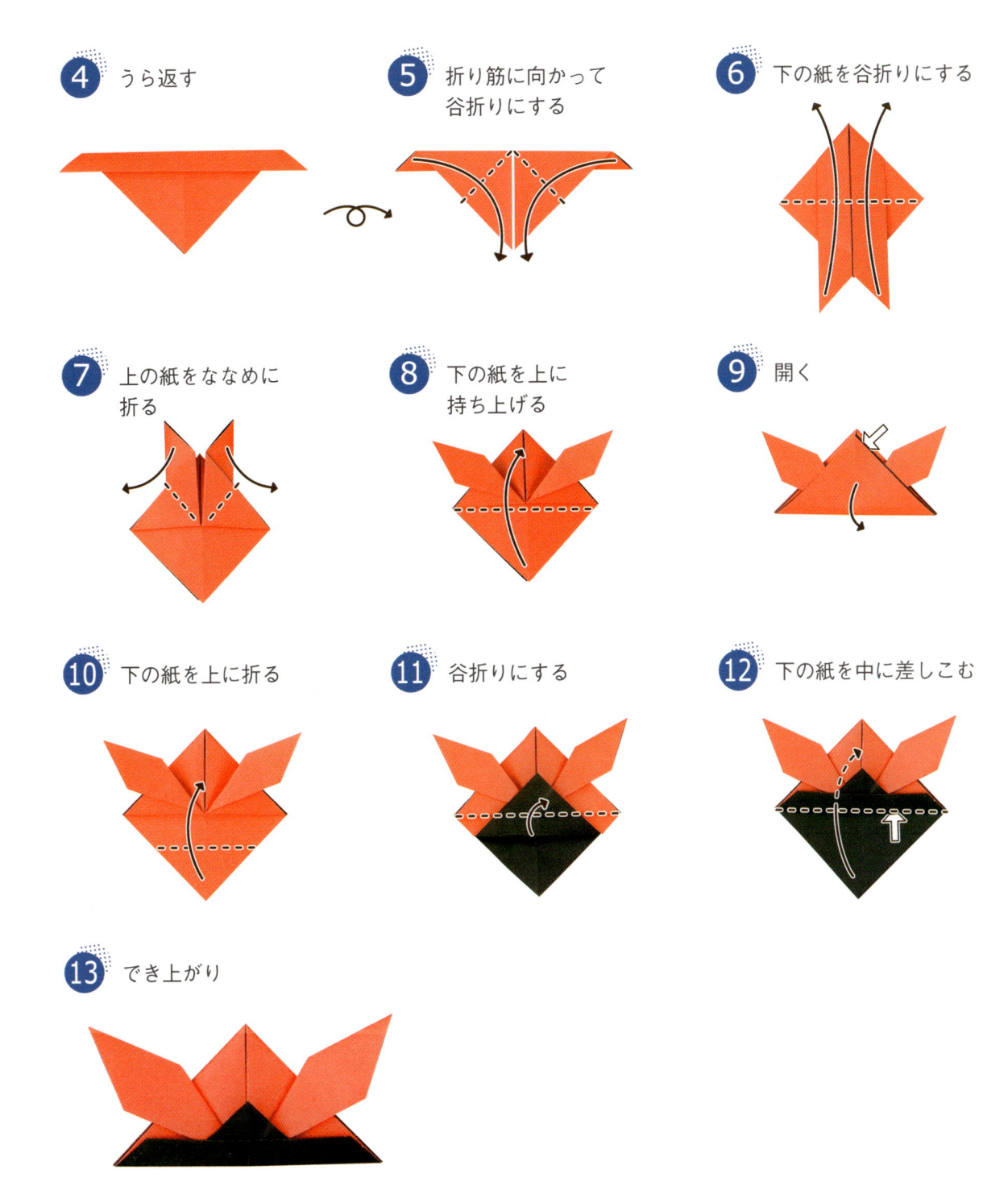

| ④ うら返す | ⑤ 折り筋に向かって谷折りにする | ⑥ 下の紙を谷折りにする |

| ⑦ 上の紙をななめに折る | ⑧ 下の紙を上に持ち上げる | ⑨ 開く |

| ⑩ 下の紙を上に折る | ⑪ 谷折りにする | ⑫ 下の紙を中に差しこむ |

⑬ でき上がり

55

シャツ

折り方

1 おりがみをたて半分に切る。半分に折り筋をつける

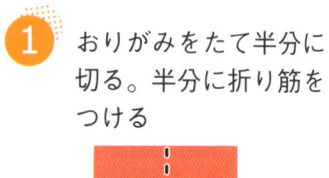

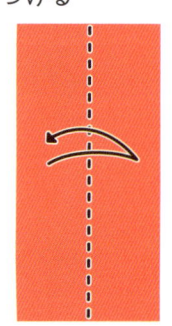

2 両はしを真ん中に合わせるように折って、折り筋をつける

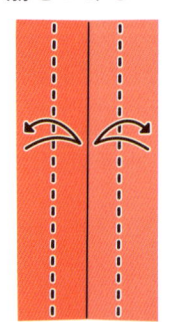

3 三角に折り筋をつける

4 谷折りにする

5 うら返す

6 折り筋に向かって谷折りにする

7 折り筋をつける

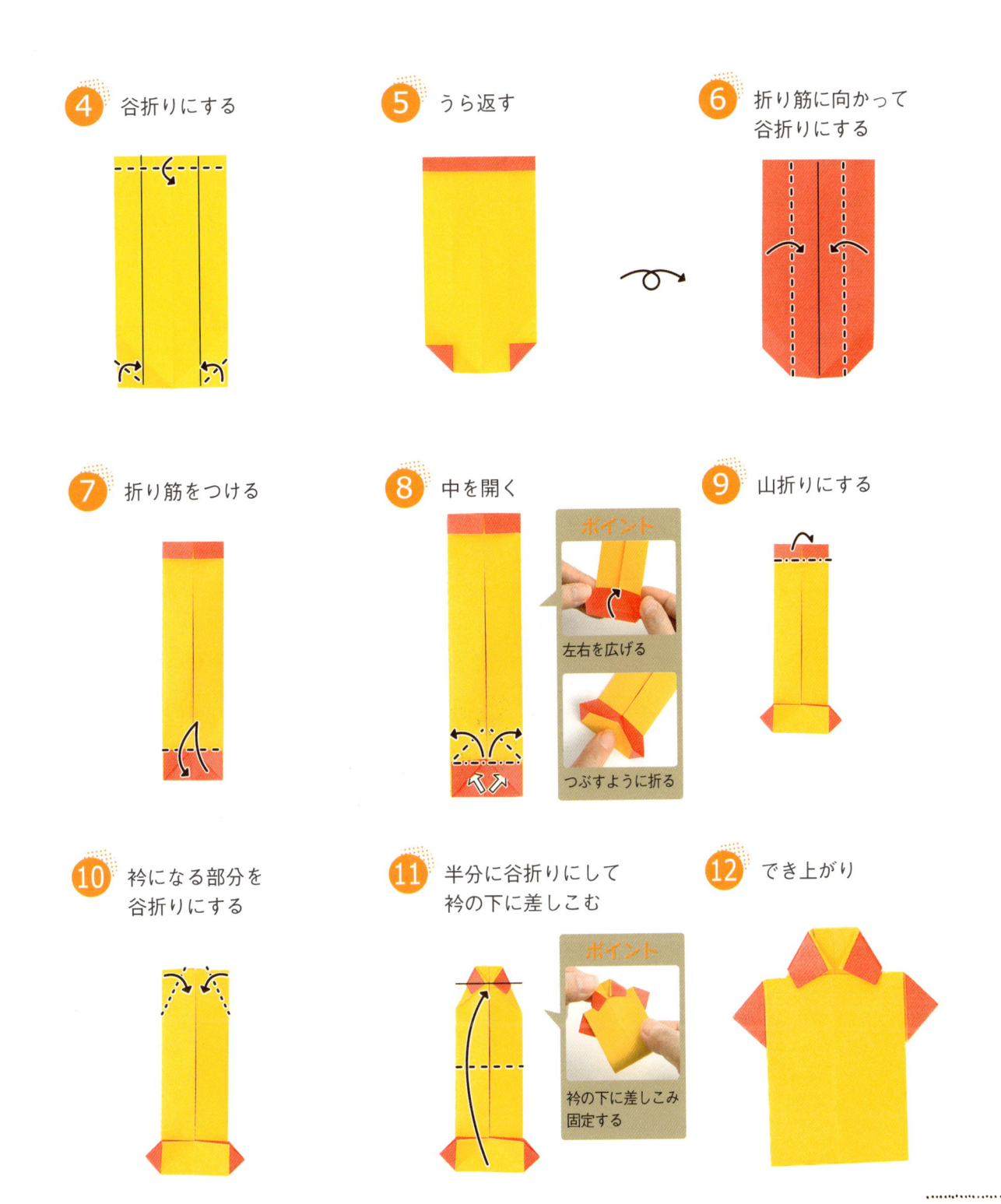

8 中を開く
ポイント
左右を広げる
つぶすように折る

9 山折りにする

10 衿になる部分を谷折りにする

11 半分に谷折りにして衿の下に差しこむ
ポイント
衿の下に差しこみ固定する

12 でき上がり

ぼうえんきょう

＊折り方＊

1. おりがみを四等分にしたものを2枚用意する。上下を少しだけ谷折りにする

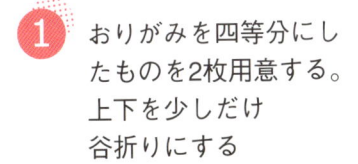

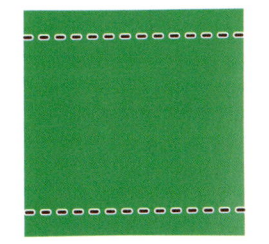

2. 丸くする

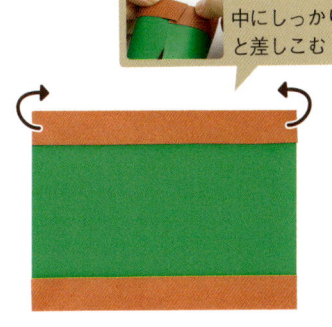

   ポイント 中にしっかりと差しこむ

3. ぼうえんきょう（大）でき上がり

4. （小）は（大）より多めに谷折りにし、（大）と同じように作る

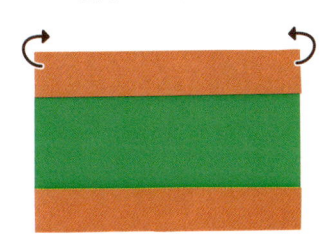

5. ぼうえんきょう（小）でき上がり

6. （大）に（小）を差しこんで、でき上がり

> 小学校
> 中学年

第4章
考える力を身につける発展系おりがみ

ここでは、完成作品に一工夫すると
違うものに変化する作品を紹介します。
最終的な形をイメージして折ってみましょう。

■澤口先生からお母さんへのメッセージ

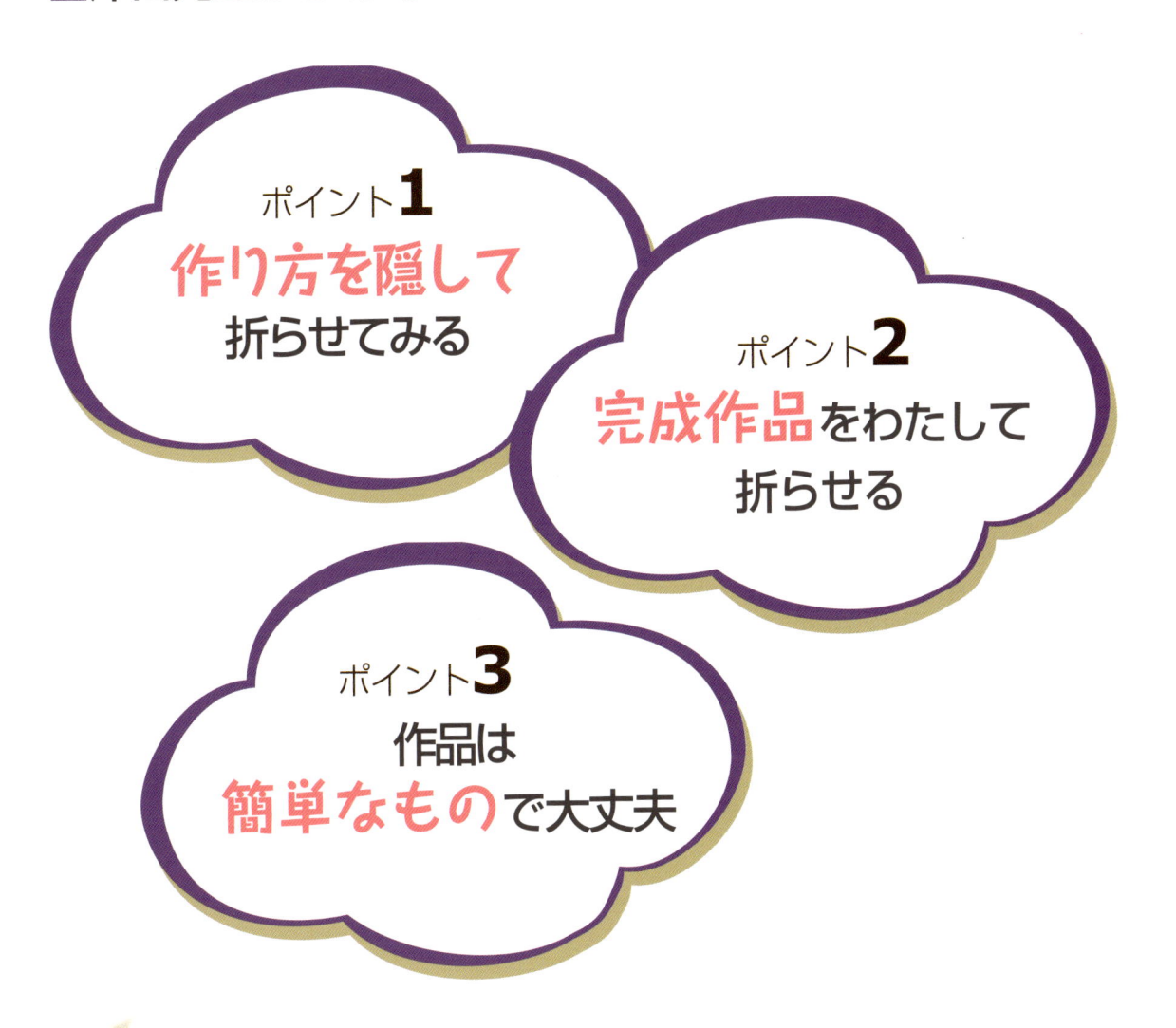

ポイント1
作り方を隠して折らせてみる

ポイント2
完成作品をわたして折らせる

ポイント3
作品は簡単なもので大丈夫

　小学校3、4年生になると、きれいに折ることができるようになります。これができるようになったら、折り方の一部分を隠して折らせてみたり、完成作品だけを見せて折らせるなどをしてみましょう。最終的に何も見ずに折れるということは、自分の今まで折ってきた経験、記憶を引き出しいることになります。これが脳を鍛えるのに効果的で、一般知能の向上にもつながるのです。
　自分の記憶を引き出して折るということが大切なので、折る作品は難しいものでなくても大丈夫です。

山 ▶ 富士山
▶ さかさ富士

＊折り方＊

1. 半分に谷折りにする

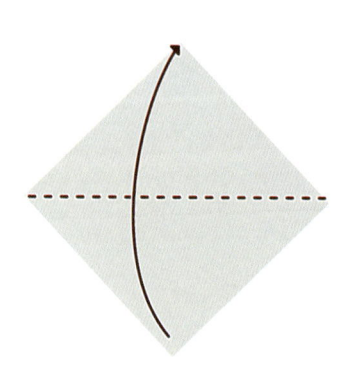

2. 山のでき上がり。手前の紙の先を少し谷折りにする

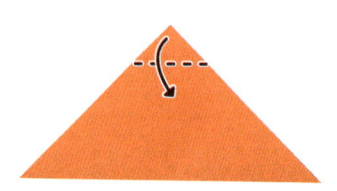

3. 2 で折ったところを少し谷折りにする

4 さらに谷折りにする

5 後ろの紙を山折りにする

6 富士山のでき上がり。後ろを開く

7 下を少し谷折りにする

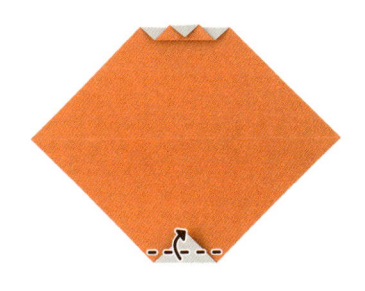

8 9の形に開く

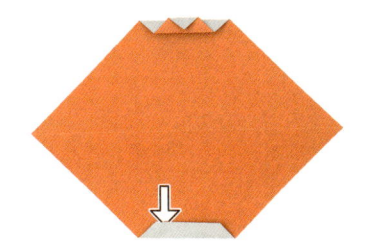

9 谷折りにする

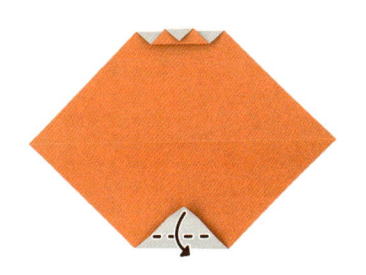

10 はみ出した部分を谷折りにする

11 谷折りにして立たせる

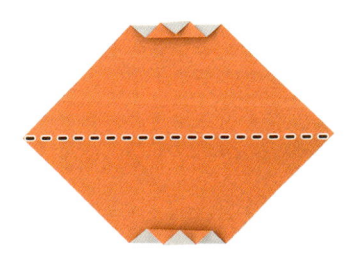

12 さかさ富士のでき上がり

にそう舟 ▶ だまし舟

折り方

1. 半分に折って、折り筋をつける 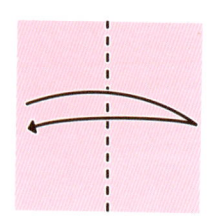
2. 折り筋に向かって折り、折り筋をつける 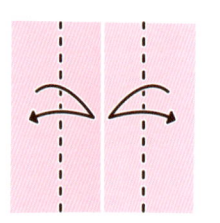
3. 向きをかえて、1と2を繰り返す

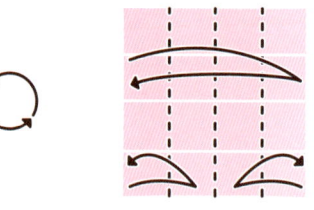

4 折り筋をつけて、うら返す

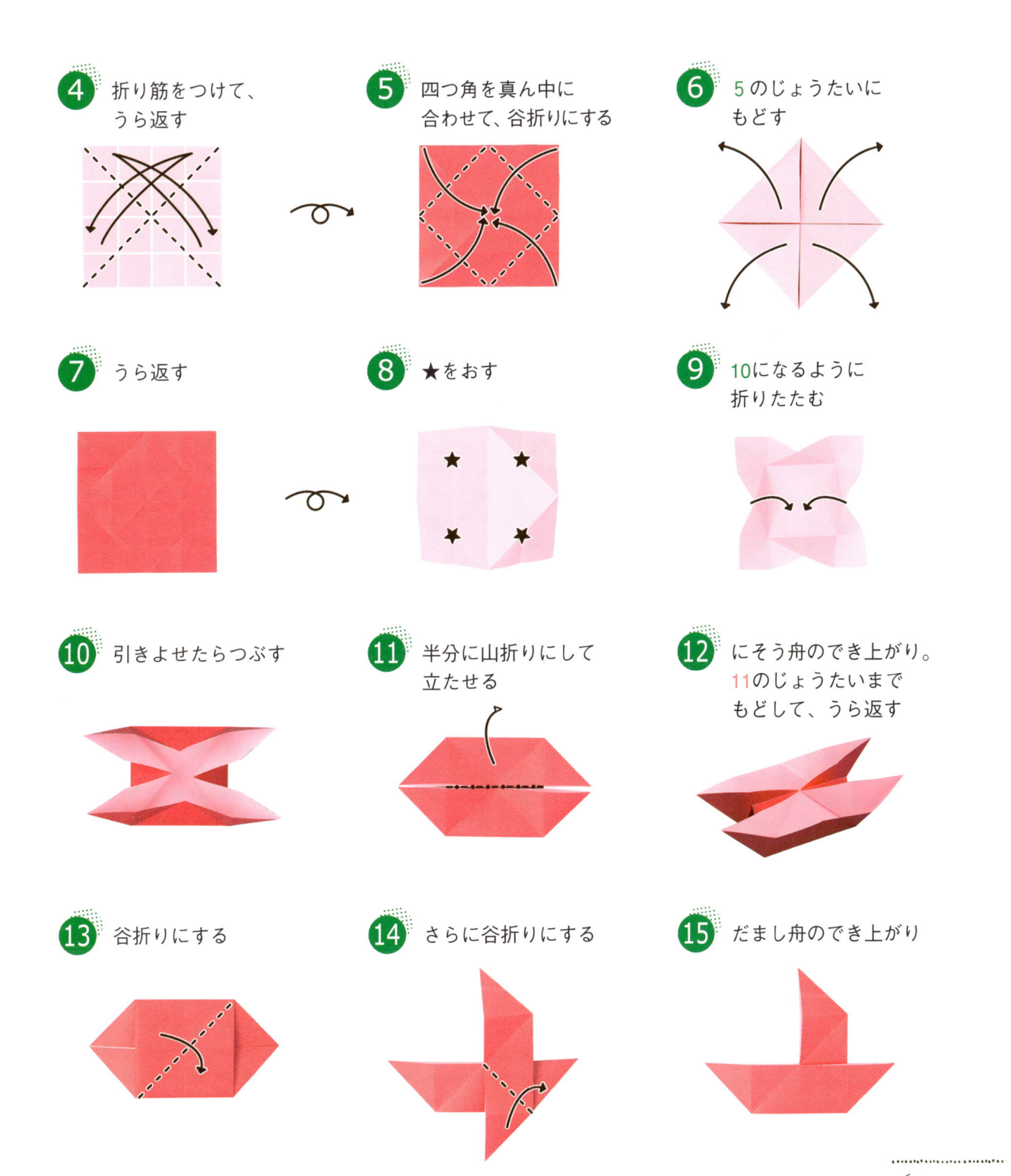

5 四つ角を真ん中に合わせて、谷折りにする

6 5のじょうたいにもどす

7 うら返す

8 ★をおす

9 10になるように折りたたむ

10 引きよせたらつぶす

11 半分に山折りにして立たせる

12 にそう舟のでき上がり。11のじょうたいまでもどして、うら返す

13 谷折りにする

14 さらに谷折りにする

15 だまし舟のでき上がり

うさぎ・ひつじ・トナカイ

折り方

1. 半分に折って折り筋をつける
2. 折り筋に向かって谷折りにする
3. 左はしを三角に折る
4. 谷折りにして、うら返す
5. 谷折りにして、うら返す
6. 半分に谷折りにする

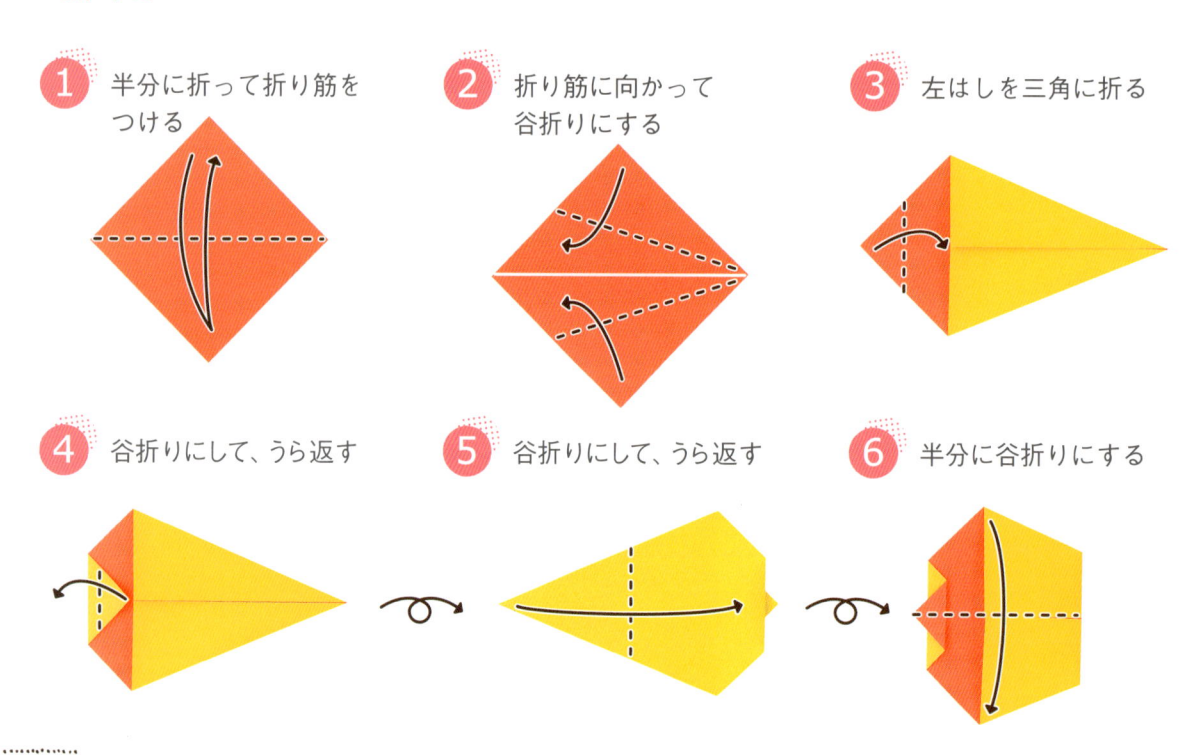

⑦ うさぎの耳を出す

ポイント
写真のように少し引っぱる

⑧ 根元を1/3くらいのこしてはさみで切りこみを入れる

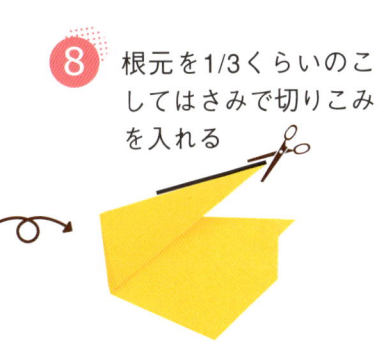

⑨ 耳を開いて、うさぎのでき上がり

⑩ 8からスタート。上の1枚を山折りにする

⑪ 山折りにする

⑫ さらに山折りにする

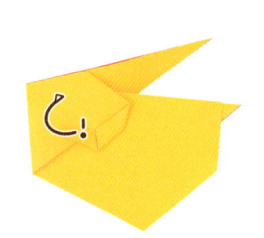

⑬ 裏aも同じように折る

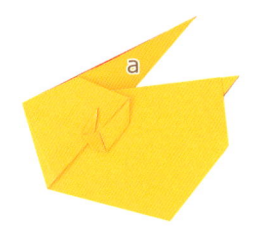

⑭ ひつじのでき上がり

⑮ 8からスタート。谷折りと山折りを交互に行なう

⑯ 裏bも同じように折る

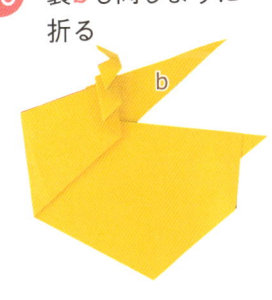

⑰ トナカイのでき上がり

67

さかな▶くらげ

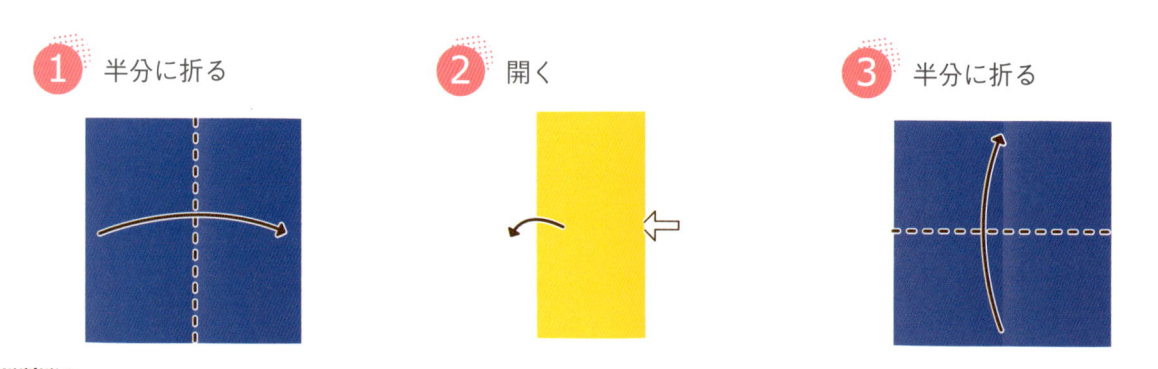

折り方

1. 半分に折る
2. 開く
3. 半分に折る

④ 開く

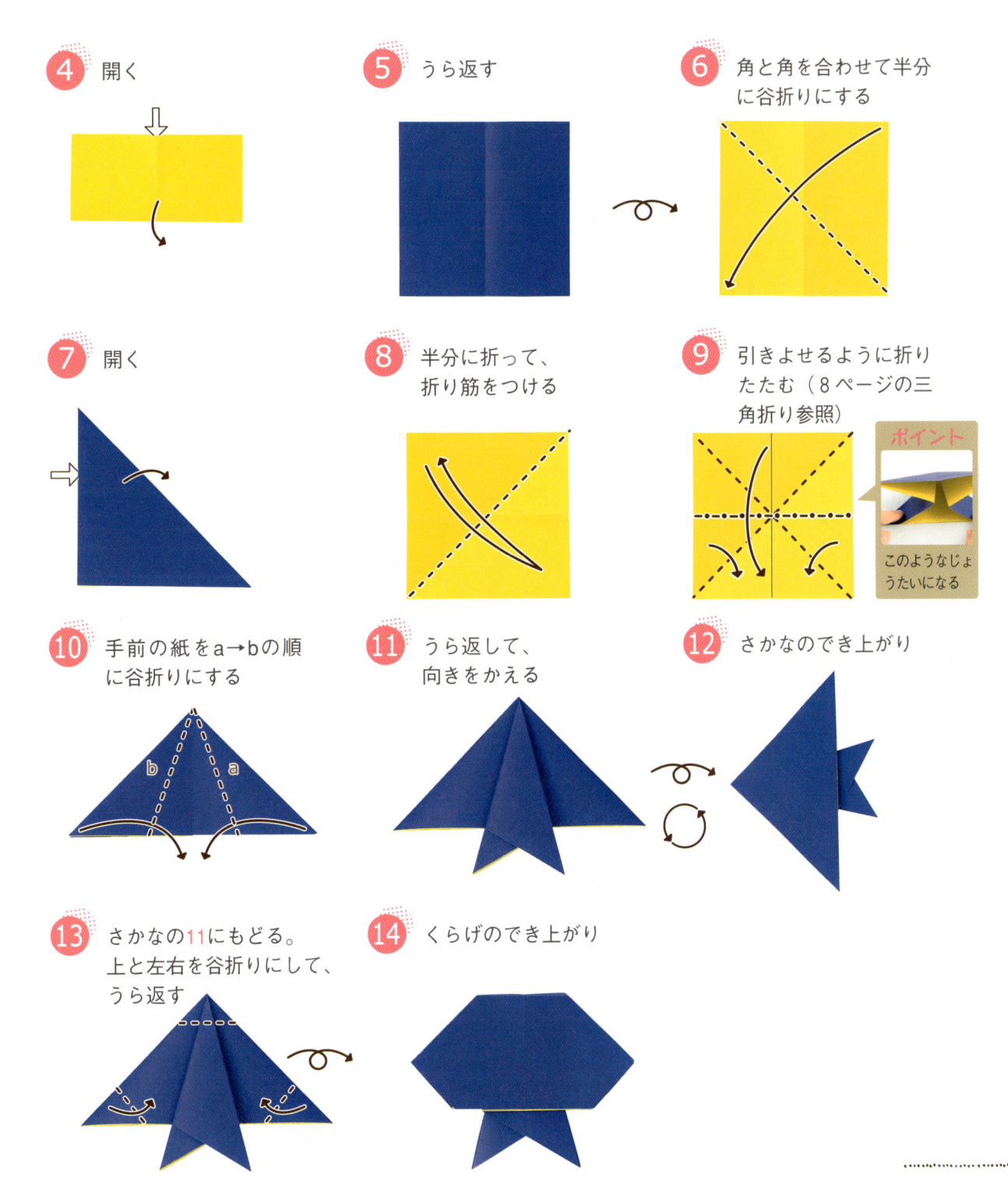

⑤ うら返す

⑥ 角と角を合わせて半分に谷折りにする

⑦ 開く

⑧ 半分に折って、折り筋をつける

⑨ 引きよせるように折りたたむ（8ページの三角折り参照）

ポイント
このようなじょうたいになる

⑩ 手前の紙をa→bの順に谷折りにする

⑪ うら返して、向きをかえる

⑫ さかなのでき上がり

⑬ さかなの11にもどる。上と左右を谷折りにして、うら返す

⑭ くらげのでき上がり

69

ヨット
とり

70

＊折り方＊

1. 半分に折る

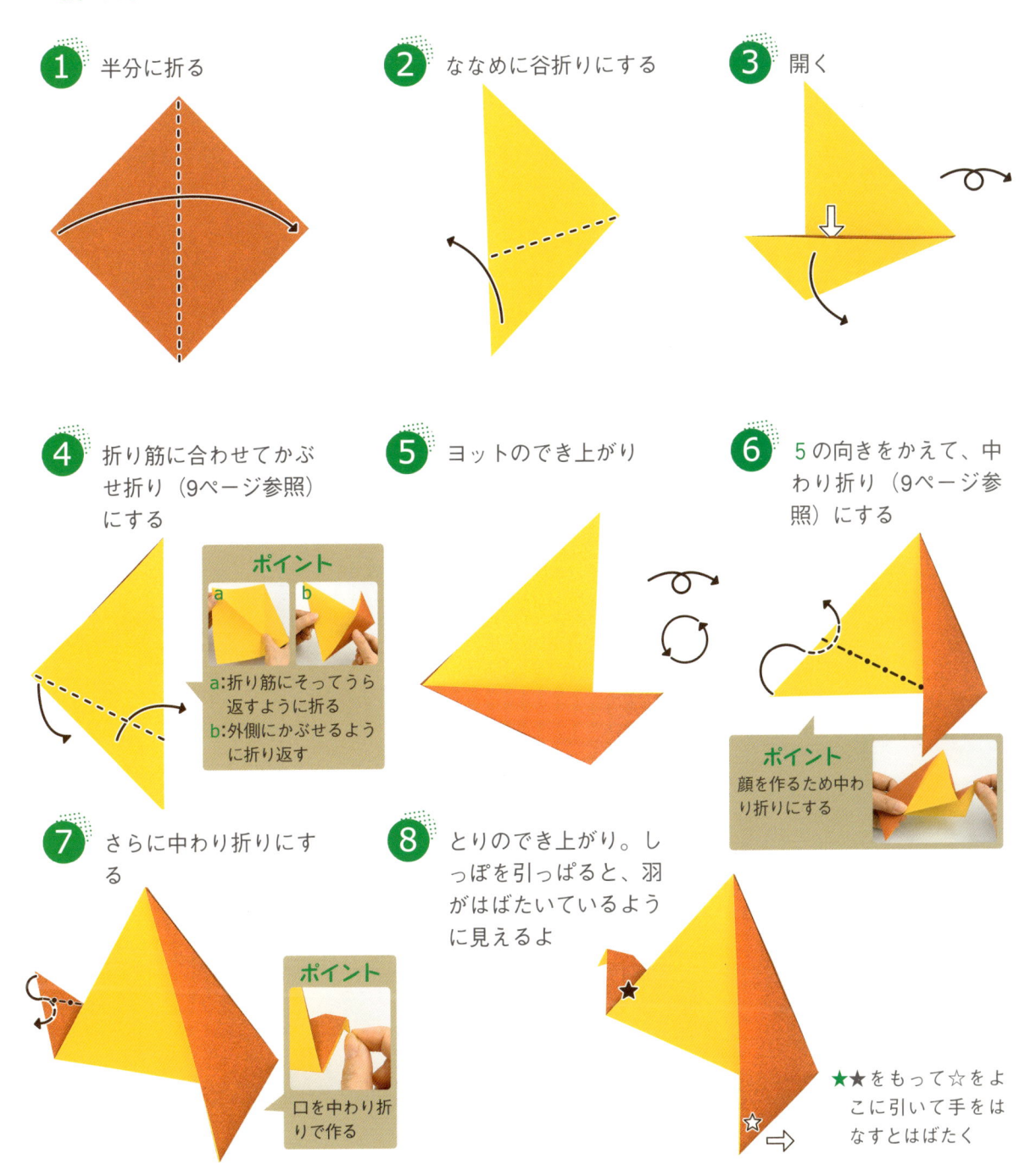

2. ななめに谷折りにする

3. 開く

4. 折り筋に合わせてかぶせ折り（9ページ参照）にする

　ポイント
　a：折り筋にそってうら返すように折る
　b：外側にかぶせるように折り返す

5. ヨットのでき上がり

6. 5の向きをかえて、中わり折り（9ページ参照）にする

　ポイント
　顔を作るため中わり折りにする

7. さらに中わり折りにする

　ポイント
　口を中わり折りで作る

8. とりのでき上がり。しっぽを引っぱると、羽がはばたいているように見えるよ

★★をもって☆をよこに引いて手をはなすとはばたく

かぶと ▶ 金魚

折り方

1 たて半分に折って、折り筋をつける

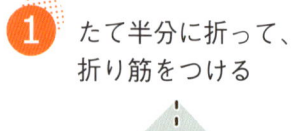

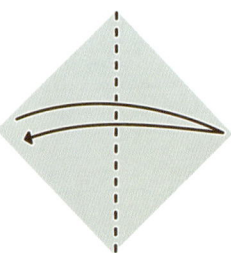

2 よこ半分に折る

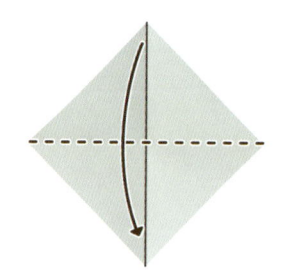

3 折り筋に向かって左右を三角に折る

④ 手前の1枚を半分に谷折りにする

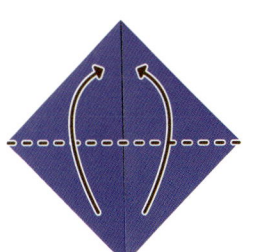

⑤ 少しだけ谷折りにする

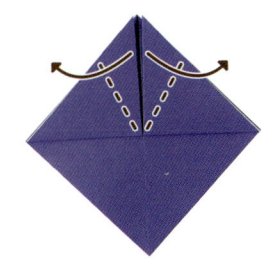

⑥ 手前の1枚を谷折りにする

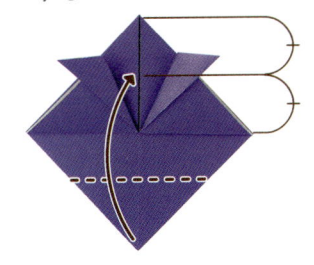

⑦ 谷折りにする

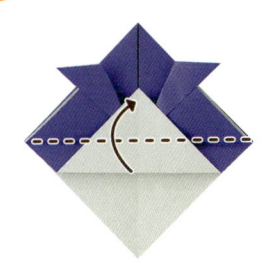

⑧ 下の紙を後ろに山折りにする

⑨ かぶとのでき上がり

⑩ 金魚スタート。中を開いて折りたたむ

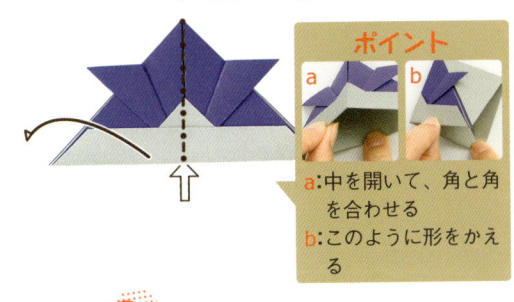

ポイント
a：中を開いて、角と角を合わせる
b：このように形をかえる

⑪ 折り筋をつけてからaを広げて12の形にする

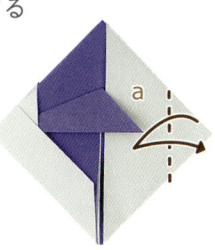

⑫ はさみで図のように切りこみを入れて、aをbにかぶせる

⑬ cをつまんだまま谷折りにして、しっぽを作る

ポイント
写真のような形にする

⑭ 金魚のでき上がり

73

船長帽子
▶ 消防士帽子

* 折り方 *

1. おりがみを下記の大きさに切る。
半分に谷折りにする

2. 半分に折って、折り筋をつける

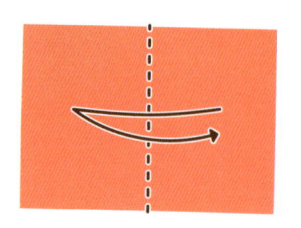

3. 折り筋に向かって三角に折る

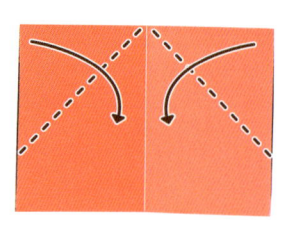

［おりがみ］たて15×よこ10.6cm

④ 手前の1枚を谷折りにする

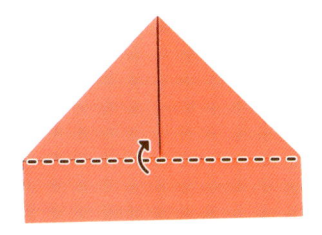

⑤ 残りの1枚を後ろに山折りにする

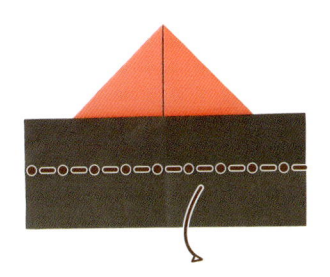

⑥ 中を開く

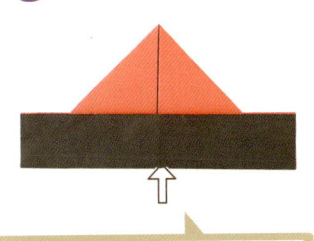

ポイント 写真のように開く

⑦ 船長帽子のでき上がり

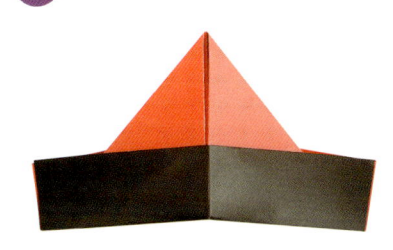

⑧ 消防士帽子スタート。開いて折りたたむ

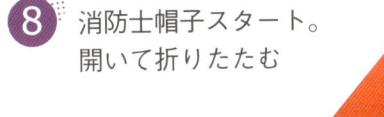

ポイント
a:☆が★につくように開いてたたむ
b:aをbの下に差しこむ
c:差しこんだところ

⑨ 手前の1枚を谷折りにする

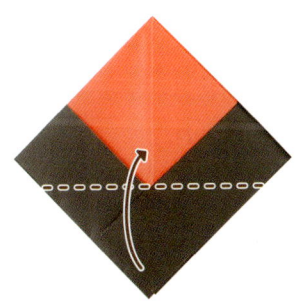

⑩ 中を開いて、立体にする

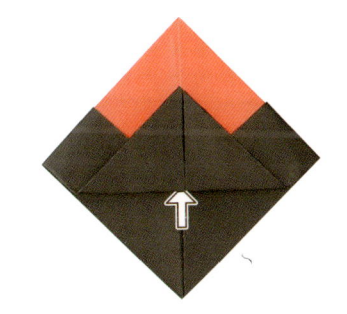

⑪ 消防士帽子のでき上がり

75

人間性脳科学研究所所長 **澤口俊之**先生に聞く

おりがみと脳の関係

指先を使って細かく作品を折りこんでいくおりがみ。
「おりがみ＝脳の活性化」と注目されている昨今、
実際のところはどうなのでしょうか？
脳科学の最先端をいく
脳科学者、澤口俊之先生に
「子どもと脳の関係」を伺いました。

頭頂葉
皮膚感覚などの中枢があり、立体感覚や空間知覚・認知などと関係している

前頭葉
感情、注意、思考に関係している。他の領域をコントロールする働きもある

側頭葉
色感覚、聴覚、言語、記憶などに関係している

後頭葉
後部に位置し、視覚などの中枢になる

　おりがみは、立体的な作品をどのように作るのかという計画を練るため、考えることが必要になり、脳を活性化させるためにとてもバランスのとれた遊びだと思います。そして組み立てるという実作業があります。さらに豊富な色があるため、色感覚を養うこともできるのです。これらは、前頭葉、頭頂葉、側頭葉をバランスよく使うことになるので、脳にいい働きかけをします。まだ、おりがみと脳という研究を本格的に行なっている研究機関はありませんが、細かく指先を動かすことは、脳にとてもいいといわれています。

　人間の知能レベルをはかる際にIQ（Intelligence Quotient）というものがありますが、最近ではこれはあまり評価の対象にならないといわれています。それよりも重要視されているのが一般知能と呼ばれるものです。これは、さまざまな知的作業に使われる大切な知能で、社会的成功（良好な仕事、結婚など）と深くかかわってくるといわれています。

　おりがみは、この一般知能を高めるのにうってつけなのです。始める時期は、2歳以前からが最適だと思います。実際は4歳くらいからでないと一般知能は鍛えられないといわれていますが、細かい手の動きが大切なのです。もちろん、そのころの子どもは、きちんと作品を折れないかもしれませんが、それでも大丈夫です。ぐちゃぐちゃな作品になってもいいので、とにかく指先を動かすことを前提に考え

てください。

　5歳になると脳の前頭連合野がいちばん発達する時期なので、4〜5歳ごろから計画性を高めて作品を折ることが大切になります。色や形を特に意識しながら折るようにしたらもっといいでしょう。そして、5歳以降は最終的な形をイメージさせ、目的を持って折ることに重点をおいてください。また、お母さんおばあちゃんがお手本となりきれいに折ることを覚えさせましょう。

　早いうちからトレーニングすれば、一般知能は高めることができるものなので、おりがみもできるだけ早いうちから触れさせてあげるようにしたいものです。

■ 一人で折らせておけば大丈夫ですか？

　一人よりもお母さんと一緒に笑いながら作品を折れる環境を作ってあげてください。何かを作るということに関しては、怒らないで見守ってあげることが大切なので、完成したらほめることが重要です。もちろんしてはいけないことをほめるのは意味がありません。小学校入学前はほめる、しかるの基準をぶらさず、きちんとしつけることが必要です。規範というものは変わってきますが、規範を守るための規範を覚えさせましょう。また、お母さんのほかに、おばあちゃんとも接する時間を持たせるといいでし

ょう。
　小学校低学年くらいになると、お父さんの存在が大きくなります。特にスポーツをすることがいいといわれているのですが、それは目標・目的があるからです。何かをするときには、お父さんの存在が必要になるのです。小学生の子どもを持つお父さんは、子どもと一緒に遊べる作品を折りましょう。
　4歳前までは子どもの脳は未分化で、大人の脳になるまでに4段階変化します。乳児脳→幼児脳→思春期までの思春期脳→最終的に前頭連合野が完成する20歳前後の脳。脳も段階を踏むように人間関係も段階を踏んで成長します。一人で遊ばせるよりもお母さん、おばあちゃん、お父さんなど、たくさんの人たちと接することができる機会を作ってあげましょう。

親子で楽しみながら子どもの脳をはぐくむ

　ほかのおもちゃでも脳をはぐくむとして世界的に認められているものはありますが、おりがみは立体的な作品を細かく作っていき、色もたくさん使っています。
　脳を鍛えるためにピアノも効果的といわれていますが、ピアノは両手を使い、目的志向的だからいいのでしょう。おりがみもまったく同じことがいえると思います。平面から立体的なものを組み立てるという作業

がとてもいいのです。自分で作品を作れるので、探究心や、クリエーティビティも生まれてきます。

　まずは子どもと一緒に親も作品作りを楽しむようにしましょう。2〜3歳の子に対しては、きれいに折ることができなくてもほめてあげましょう。そして、5歳以降からは目的を持つということを意識させましょう。最終的な形をイメージしておりがみは折ると思うのですが、特にそれを意識させてあげてください。ゆくゆくはきれいに折れることを目標にし、それができるようになったら次のステップです。最終的には、暗記したり、作り方を隠して完成作品を折れるようになれればいいでしょう。自分の今まで折ってきた経験を生かして作品を折るということは、脳を鍛えるためにとてもいいのです。それが一般知能の向上にもつながっていきます。

　家族一緒になっておりがみを折り、子どもが人生に、学力に、社会的に必要な能力を伸ばせるよう楽しみながら行なってください。

● **Profile**

小林一夫（こばやし・かずお）
和紙の老舗「ゆしまの小林」4代目。NPO法人国際おりがみ協会理事長、おりがみ会館館長。折り紙教室で指導するかたわら、国内外で様々な活動を行なう。著書に『オリガミ雑貨Book』（文化出版局）、『お節句の折り紙』（日本ヴォーグ社）、『5〜7才のおりがみ』（高橋書店）など。

澤口俊之（さわぐち・としゆき）
1959年東京生れ。北海道大学卒業。'99年同大学医学研究科高次脳機能学分野教授就任。2003年人間性脳科学研究所所長に就任。著書に『幼児教育と脳』（文藝春秋）、『「やる気脳」を育てる』（小学館）、『HQ論：人間性の脳科学－精神の生物学本論－』（海鳴社）など。

● ブックデザイン　笠原優子
● 撮　　影　　　奥村暢欣（スタジオダンク）
● スタイリング　　柴田　岳
● 折り紙製作　　　湯浅信江（おりがみ会館講師）
● 編　　集　　　スタジオダンク

〈脳力アップ〉
頭がよくなるこどものおりがみ

2008年3月20日　第1刷発行
2018年8月1日　第14刷発行
監　修　小林一夫　澤口俊之
発行者　大沼　淳
発行所　学校法人文化学園 文化出版局
　　　　〒151-8524
　　　　東京都渋谷区代々木3-22-1
　　　　電話 03-3299-2488（編集）
　　　　　　 03-3299-2540（営業）
印刷・製本所　株式会社文化カラー印刷

©学校法人文化学園 文化出版局 2008　Printed in Japan
本書の写真、カット及び内容の無断転載を禁じます。

本書のコピー、スキャン、デジタル化等の無断複製は著作権法上での例外を除き禁じられています。本書を代行業者等の第三者に依頼してスキャンやデジタル化することは、たとえ個人や家庭内での利用でも著作権法違反になります。

文化出版局のホームページ　http://books.bunka.ac.jp/